Heilwig von der Mehden

Alles in
schönster Unordnung

Vom Glück daheim
und dem Ärger zu Hause

Herderbücherei

Originalausgabe
erstmals veröffentlicht als Herder-Taschenbuch

Umschlaggrafik: Barbara Wieck-Kapferer

1. Auflage April 1986
2. Auflage Februar 1988

Inhalt

Da kann man lange suchen!

Alle Leute klagen über Umzüge, so im Sinne von „Dreimal umgezogen ist wie einmal abgebrannt", aber sie lassen dabei völlig zwei wesentliche Vorteile außer acht: Zunächst einmal wird zwangsläufig beim Aus- und Einräumen die große Generalaufräumerei durchgeführt, die man immer schon im Auge hatte, und dann findet man alles mögliche, unter Umständen lange Beklagtes und Aufgegebenes, wieder. Zum Beispiel den Deckel der kleinen Kaffeekanne für ein einsames Morgenfrühstück. Wer konnte ahnen, daß er in die Marmeladendose mit den falschen Meißen-Röschen geraten war, die man nie gebraucht hatte? Inmitten der Skisachen findet sich die allerbeste Sonnenbrille; und was einem alles beim gewissenhaften Ausräumen aller Schubladen an Scheren und Schraubenziehern begegnet, grenzt an ein wahres Wunder, da man gerade von diesen Gegenständen mehrfach ein neues Exemplar gekauft hatte, weil man fest glaubte, es befände sich keins mehr im Hause.

Mancher Fund allerdings geschieht auf tragische Weise zu spät: Längst hatte man alle Knöpfe der Jacke ersetzt, als man das verlorene Exempar beim Abrücken des Schrankes zwischen grauen Staubmäusen fand, der Bruder des so gut wie neuen Kniebundhosenstrumpfes (im ausgewachsenen Stiefel!) wurde schon vor geraumer Zeit zum Schuhputzlappen, und der Urlaub, wo man das Freischwimmerzeugnis brauchte (zwischen ausrangierten Schulbüchern im Keller!), war vor zwei Jahren. Noch ein Gutes hat so ein Umzug. Man weiß: Was man bei dieser Gelegenheit nicht findet, muß endgültig verloren gegeben werden.

Das ist ohne Umzug nie der Fall. Selbst wenn man nach dem alten, bewährten Grundsatz sucht: „Zuerst dort, wo es sein kann, und dann dort, wo es nicht sein kann", ziehen es manche Dinge vor, über geraume Zeit verschwunden zu bleiben, ehe sie sich entschließen, doch wieder aufzutauchen – unter Umständen rätselhafterweise dort, wo man bereits gesucht hatte. Dies geschieht ganz offensichtlich unter Fremdeinwirkung. Alle Hausbewohner haben den schmerzlich vermißten Füller weder gebraucht noch verschleppt noch gesehen, noch können sie sich seiner entsinnen, ja, knapp, daß sie wissen, was ein Füller ist. Unter freundlicher Anteilnahme begleiten sie unsere intensive Suchaktion mit nützlichen Ratschlägen. Und dann ist das gute Stück plötzlich wie durch Zauberkraft wieder da – womöglich in zeitlichem Zusammenhang mit der Aufräumungsaktion eines anderen Hausgenossen.

Wer übrigens kleinere Kinder sein eigen nennt, erlebt manchmal unverhofft ein Wiedersehen mit Sachen, derentwegen er schon das Haus auf den Kopf gestellt hat, die aber durch völlige Zweckentfremdung einfach nicht aufzufinden waren. Das aufgrund des dicken Bauches klaffende Jäckchen des Teddybären war mit der echt-goldenen Schmuck-Sicherheitsnadel der Tante verschlossen, das Plüschpferd der Freundin mit Vaters Bademantelgürtel gezäumt, und das fehlende vierte Knäuel für den Angorapullover diente dazu, daß Walterleins Holzkopf weich lag. Da kann man lange suchen!

Geschwister unter sich haben übrigens gar keine Hemmungen, nach verschwundenen Sachen beieinander zu forschen, selbst wenn jegliche Kenntnis abgeschworen wird. Alle erlebten wir schon das Schlachtfeld, wenn einer den Inhalt der Schubladen des anderen auf die Erde wirft („ ... das letzte Mal hatte sie mein gelbes T-Shirt ja auch ..."), und die anschließenden Wutanfälle, sowohl, falls der Gegenstand gefunden, aber auch, falls er nicht gefunden wird – nur sind die Rollen jeweils verschieden verteilt. Das Drama spitzt sich noch zu, wenn bei so einer Gelegenheit irgend etwas anderes wieder auftaucht, nachdem man sich schon vor Wochen halbtot gesucht hat. In der Tat verbittert nichts so sehr wie vergebliches Herumsuchen nach einer im Augenblick dringend gebrauchten Sache.

Es gibt da nach allgemeinen Erfahrungen höchst notwendige Dinge, die besonders gern vorübergehend verschwinden. Um nur einige zu nennen: Wochenkarten, Scheren, Turnzeug, Socken, Pullover, Scheine für die Reinigung, Autoschlüssel und Wörterbücher ...

Ein ganz besonderes Kapitel bilden Bücher. Nicht nur, daß man sie hinter Toilette, Sofa und Fremdenbett und zuweilen auch unter einer Matratze wiederfindet, man begegnet ihnen auch fein eingeordnet in den Bücherregalen anderer Leute, wo sie nach oberflächlicher Berechnung seit mindestens drei Jahren weilen müssen, obwohl doch unser Name groß und breit darinsteht. Doch das wäre ein Kapitel für sich.

Heute wird aber wirklich aufgeräumt!

Das eine tut man gern und das andere tut man sehr viel weniger gern, obwohl oder auch weil es unbedingt getan werden muß. Es kann sich um einen wichtigen und dringenden Brief handeln, ein Paket sollte längst gepackt und ein Besuch gemacht sein, das Unkraut auf dem Beet mit der knüppelharten Erde wächst und wächst, und der Saum der Hose, die beim Waschen geschrumpft ist, müßte ausgelassen werden. An allen diesen Verrichtungen führt kein Weg vorbei, weswegen man sich ein Ultimatum nach dem anderen stellt – falls die Sache selbst nicht termingebunden ist – und sich für einen höchst minderwertigen und anfälligen Charakter hält, weil man das Unangenehme vor sich herschiebt.

Dieses Verschieben kann auf verschiedene Weise geschehen: Man kommt zu gar nichts, da es sich ja nicht lohnt, etwas Sinnreiches anzufangen, weil man sich heute unwiderruflich dem Unkraut widmen will, was man auch von Zeit zu Zeit der Umwelt verkündet. Man kann aber auch nur noch eben schnell ein Kapitel zu Ende lesen, eine Fernsehsendung sehen, die Tageszeitung durchblättern oder die Sonne ausnutzen, die bestimmt gleich wieder weggeht, und man kann etwas Nützliches tun.

Er ist erstaunlich, wieviel Nützliches getan wird, weil man eigentlich etwas anderes mindestens genauso

Nützliches tun müßte, was man aber aus diesem und jenem Grund ganz besonders ungern tut. Man bekommt einen ungeheuer geschärften Blick für Dinge, die man am besten noch schnell erledigt, damit man dann „in Ruhe" ans Werk gehen kann. Ans Werk kann man etwa nicht an einem Schreibtisch gehen, auf dem die gewohnte Unordnung herrscht. Also probiert man zunächst einmal alle Kugelschreiber auf ihre Noch-Tauglichkeit aus, dann wirft man ein paar Ansichtskarten weg, füllt zwei Banküberweisungen aus, auf daß die Unterlagen vom Tisch kommen, und damit dies auch mit der Einladung der Fall sein kann, ergreift man schnell das Telefon, um endgültig abzusagen. Dieser Griff nach dem Telefon ist – wie alle Leute, die etwas Lästiges ganz bestimmt gleich erledigen wollten, wissen – höchst gefährlich, denn nun kann man auch gleich ein paar andere Gespräche führen, die eigentlich fällig sind: mit dem Klempner, dem Steuerberater, der Teppichreinigung und der Vorzimmerdame des Zahnarztes – aber auch mit der lieben alten Tante, die man ein bißchen vernachlässigt hat, und mit der Freundin, in deren Familie doch in diesen Tagen ein Examen stattfinden sollte, von dessen Ausgang man noch nichts weiß. Was zugegebenermaßen alles nicht mehr viel mit dem Aufräumen zu tun hat.

So sehr zu loben das Aufräumen an sich ist, muß ich doch aus trauriger Erfahrung davor warnen, wenn es geschieht, damit man sich hinterher „in Ruhe" einer noch unangenehmeren Tätigkeit widmen kann. Da gibt es Leute, die den ganzen Keller aufräumen, weil sie leichtsinnigerweise versprochen haben, den Zaun zu reparieren, und weil sie dafür geordnetes Werkzeug brauchen. Andere bringen ihr Auto innen und außen auf Hochglanz, ehe sie – mit reichlicher Verspätung –

eine Fahrt zu Leuten antreten, von denen sie sich nur Unannehmlichkeiten versprechen. Die alte Dame, die munter pfeifend auf der Leiter stand und ihr Oberlicht putzte, damit sie, wie sie sagte, bei der ekligen Bügelei wenigstens sehen könne, und die Schulkinder, die vor den verhaßten Hausaufgaben weite Wege antreten, um neue Hefte zu kaufen, und opferwillig auch Kartoffeln und Brot mitbringen, sind ein Beweis dafür, daß diese Art hinhaltender Vorbereitungen an keine Altersklasse gebunden sind.

Für junge Leute gehört übrigens vielfach das Aufräumen zu den allerwiderwärtigsten Tätigkeiten, weswegen es bei ihnen als hinhaltende Maßnahme keine Rolle spielt. Im Gegenteil, zu welchen Leistungen im Rasenmähen, Staubsaugen, Geschirrabwaschen und Baby-Hüten sie fähig sind, nur um noch nicht an die verhaßte Aufräumerei gehen zu müssen, kann einen mit Bewunderung und Rührung erfüllen.

Es ist außerordentlich angenehm, daß nicht alle Leute das gleiche besonders ungern tun. So gibt es Freunde des Schuheputzens, Kartoffelschälens, Paketepackens, Kinderhütens, Unkrautjätens und Wäscheausbesserns, die nur leider selten dann anwesend sind, wenn sie gebraucht werden. Manchmal sind sie auch nicht willkommen. Ich erinnere mich da an zwei freiwillige Wagenwäscher: Durch die unlustigen Klagen des Besitzers gerührt, gingen sie ans Werk. Leider aber entnahmen sie das Waschwasser einer Pfütze, und um überall hinlangen zu können bestiegen sie die Kühlerhaube und das Autodach. Sie waren eben noch sehr klein!

Wer will schon vom Fußboden essen!

Seit Jahrhunderten graben Wissenschaftler im Erdreich herum auf der Suche nach versunkenen Kulturen. Aus dem, was sie da finden, setzen sie ein Bild der Menschen zusammen, deren Überreste und Müll sie gefunden haben. Sie finden heraus, wie die Menschen wohnten, lebten, jagten, an was sie glaubten und was sie interessierte. Man muß sich nun einmal vorstellen, nach mehreren tausend Jahren fänden die dann lebenden Wissenschaftler Überreste von TV-Werbespots von heute. Sie werden nach sorgfältigen Entzifferungen und Analysen die unumstößliche Gewißheit bekommen, daß das Hauptinteresse des Menschen um 2000 – vor allem des weiblichen Menschen – dem Streben nach Sauberkeit galt, wobei höchste Ansprüche an sich und die Mitwelt gestellt wurden. Selbst Kinder – so wird man herausfinden – litten im Gegensatz zu den Kindern aller anderen bekannten Kulturen psychisch und körperlich unter einem Fleck an ihrer Bekleidung, oder unter nicht vorschriftsmäßig gereinigten Trokkentüchern. Und auch die Männer empfanden ein unerklärliches euphorisches Glücksgefühl angesichts ihres frisch gewaschenen Bademantels. Der Mensch um 2000 – so wird es in den Lehrbüchern stehen – hatte die weitere merkwürdige Eigenschaft, beim Zusammentreffen mit anderen Menschen sofort ein Gespräch über gut oder schlecht gewaschene Wäsche, über die Qualität von Fußboden- oder Badezimmerreinigung und über Haarwaschmittel anzuknüpfen, um seine Mitmenschen entweder auf diesen Gebieten zu beraten oder sich beraten zu lassen.

In der Tat kann man schon heute zu dem Ergebnis kommen, daß das Streben nach Sauberkeit eines der Hauptanliegen der Menschheit ist, wenn man die Werbung so anschaut. Es genügt natürlich nicht, etwas schlicht zu wischen oder zu waschen. Alles soll noch sauberer als sauber werden. Es muß strahlen und schimmern, glänzen und leuchten, und dies möglichst porentief (selbst da, wo es keine Poren gibt) und belagfrei. Der ganz gewöhnlichen Hausfrau wird höchst ungemütlich zumute, wenn sie etwa die spiegelnden Fußböden auf dem Bildschirm sieht und mit ihren eigenen vergleicht. Die werden zwar auch geputzt, aber mit ganz anderem Ergebnis. Allerdings hat sie nie den Drang verspürt, vom Fußboden zu essen, weil immer genug Teller im Hause waren, und sie war auch nie so richtig begeistert, wenn schmutzige Kinder nebst Hunden über die saubereren Fußböden trabten und sie daraufhin noch einmal mit einem wahren Wundermittel ans Werk gehen durfte.

Darin sind die fleißigen Damen im Fernsehen sehr zu bewundern: Es macht ihnen überhaupt nichts aus, mit der ganzen Wascherei und Putzerei noch einmal von vorn anzufangen, wenn jemand kommt und ihnen ein noch besseres Mittel anpreist. In der rauhen Wirklichkeit kommt es leider durchaus vor, daß die Hausfrau den herummeckernden Kindern und Männern das beanstandete Hemd mit den Worten „Wascht doch euren Kram nächstens allein ..." (oder so ähnlich) an den Kopf wirft und überhaupt nicht daran denkt, es noch einmal porentief und weißer als weiß, nicht nur sauber, sondern auch rein zu waschen. Denn dann müßte sie es ja noch einmal bügeln!

Bestenfalls wird sie vielleicht zugeben, daß sich die Sauberkeit noch steigern ließe, und darauf verweisen, daß bei der nächsten Wäsche wahrscheinlich alles herausgeht. Und auch den Leuten, die ihr klarmachen wollen, daß ihre Töpfe und Pfannen nicht rein sind, ihre Badezimmerkacheln nicht strahlen und ihre Fenster nicht blitzen, bringt sie wenig Dankbarkeit entgegen. Sie ist überhaupt sehr oft nicht mit der richtigen positiven Leidenschaft beim Saubermachen. Wie selten kommt es doch vor, daß sie mit einer Putzmittelflasche voller Wonne durch die Küche tanzt!

Falls man sich übrigens selbst wäscht und putzt, kommt es – außer bei den Zähnen – im allgemeinen kaum auf die erzielte Sauberkeit an. Wenigstens versichern sich die schönen Mädchen mit den frisch gewaschenen herrlichen Haaren nie gegenseitig, daß die Mähne nun reiner als rein ist oder daß Gesicht und Körper durch die ganz spezielle Seife, die auch berühmte Damen benutzen, nun endlich so richtig sauber sind. Hier findet offensichtlich der Kampf gegen den Schmutz mit weitaus weniger Begeisterung statt.

Trotzdem werden die Forscher dereinst bewundernd feststellen, daß wir zwar in mancherlei Beziehung ziemlich zweitklassig waren, daß aber unser leidenschaftliches Streben nach Sauberkeit mit seinen herrlichen Resultaten manches wiedergutmachte.

Bei dir ist es immer so ordentlich!

Früher stickte man sie in Kreuzstich rot auf weiß – und heftete sie zur Beherzigung an irgendeine prominente Stelle in der Küche: die unumstößliche Weisheit nämlich, daß Ordnung Zeit und Müh' spart. Wie wahr diese Großmutterbehauptung noch heute ist, merkt, wer etwa alle einschlägigen Stellen des Haushalts nach dem kleinsten Schraubenzieher durchkämmt, die Einzahlungsaufforderung für das letzte illegale Parken oder die soeben eingekauften Ersatzknöpfe sucht. Nach der bewährten Regel: zunächst dort, wo es sein kann, dann dort, wo es eigentlich nicht sein kann, vergeudet man in wachsender Mißstimmung Zeit und Müh', wobei noch nicht mal der Erfolg garantiert ist. Ach, hätte man doch alles gleich an Ort und Stelle deponiert! Aber die Fähigkeit zu solch löblichem Tun ist ganz gewiß nicht jedem in die Wiege gelegt, und auch die Erziehung zur Ordnung erweist sich in vielen Fällen als totale Fehlinvestition. Das erfährt manche Mutter, wenn sie schaudernd die Tür zum Zimmer ihrer Sprößlinge öffnet – vorausgesetzt, die Tür läßt sich überhaupt noch öffnen und ist nicht durch Gegenstände auf dem Fußboden blockiert. Bei den in solchen Fällen entstehenden Diskussionen stellt sich ganz klar heraus, daß es offensichtlich zwei verschiedene Auffassungen über den Begriff Ordnung gibt. Dem einen stellt sich diese Tugend so dar, daß ihr Besitzer in seiner Umgebung allen Ansprüchen auf Sauberkeit, Schönheit und Harmonie gerecht wird. Der andere verlangt nur, daß er imstande ist, alles zu finden, was er braucht. In diesem Sinne sind natürlich die Pullover auf der Erde, die Strümpfe auf dem Schreibtisch und die Haarbürste im Bücherregal auch ordentlich. Greift jemand, der den Anblick nicht mehr aushalten konnte, ordnend, säubernd und sortierend ein, wird er beschimpft, nunmehr alles so in Ordnung gebracht zu haben, daß man nichts mehr finden könne.

Eine uralte Anklage übrigens, soweit sie sich auf Schreibtische bezieht, die ein Unbefugter (in grauen Vorzeiten war es immer die putzsüchtige Ehefrau) nach rein häuslich-ästhetischen Gesichtspunkten in „Ordnung" gebracht hat. Alle kunterbunt herumliegenden Papiere werden fein säuberlich aufgestapelt oder der Größe nach in die Schubladen gepackt, damit es nur ja recht schön ordentlich aussieht. Aber die innere Ordnung ist erheblich durcheinandergebracht.

Mit der inneren Ordnung hat es überhaupt so seine Tücken. Als streng erzogenes Kind mußte ich jeden Abend aufräumen. Diese Aktion bestand darin, alles Benutzte in einem großen Spielschrank zu verstauen. Öffnete man den Schrank am nächsten Morgen, ergoß sich mindestens die Hälfte seines Inhalts mit Donnergepolter auf den Fußboden. Und wenn man etwa den Schlüssel für das Spielauto oder eine Puppenmütze brauchte, war es angebracht, auch noch den Rest herauszufegen. Aber jeden Abend sah es richtig schön ordentlich im Kinderzimmer aus! So ähnlich geht es auch manchen großen Leuten, weswegen meine liebe alte Tante dazu neigt, heimliche Blicke in die Schränke und Schubladen der neu eingeheirateten Familienmitglieder zu werfen, um festzustellen, wie ordentlich die wirklich sind oder ob sie nur so „husch, husch" aufgeräumt haben. Von einer Monika, die sich sonst keiner guten Nachrede erfreut, behauptet sie weiterhin lobend: „... aber ihre Schränke waren immer tadellos aufgeräumt!"

Wenn dies für die gute Tante ein entscheidender Pluspunkt ist, so wehrt doch die moderne junge Frau eher ab, wenn man sie mit dem Kompliment bedenkt: „Bei dir ist es immer so ordentlich!" Sie wird in nahezu allen Fällen fast entschuldigend behaupten, sie hätte zufällig gerade erst aufgeräumt, was dringend nötig gewesen wäre. Sie wird eine Schublade öffnen, in der sich einiges ungeordnet herumtreibt, sie wird sagen, man erwarte die Schwiegermutter, oder sie wird erklären, daß sie nur deswegen Ordnung halte, weil sie sich damit viel Sucherei erspare, gewissermaßen aus Faulheit. Wobei wir wieder bei Zeit und Mühe angelangt wären, die sich natürlich im Prinzip alle Leute gern sparen wollen. Nur manche schaffen es eben nicht, trotz vieler löblicher Versuche. Einige total Unbegabte schaffen noch nicht einmal die löblichen Versuche.

Das ganz große Ordnungmachen, das einen manchmal überkommt, verleiht einem, falls man es bis zum Ende durchsteht, ein unerhörtes Zufriedenheitsgefühl, das sich die Leute, bei denen es immer ordentlich ist, überhaupt nicht vorstellen können. Leider ist es nicht sehr anhaltend ...

Wer hütet das Haus,
wenn wir verreisen?

In gewisser Beziehung haben es die Nomaden gut: Wenn sie sich an einen anderen Ort begeben wollen, dann packen sie ihre Zelte und Teppiche ein, rufen ihre Kinder zusammen, pfeifen nach ihren Kamelen, und zurück bleibt lediglich eine leere Feuerstelle und alles das, was die Nomaden ohnehin gern loswerden wollten. Wir dagegen begeben uns nur für eine gewisse Zeit von zu Hause fort und lassen deshalb eine ganze Menge zurück – totes und unter Umständen sogar lebendes Inventar, und beides möchten wir hinterher wieder so antreffen, wie wir es verlassen haben.

Es ist noch gar nicht so lange her, da schloß man einfach die Tür hinter sich zu, steckte den Schlüssel ein und begab sich ruhig auf die Reise. Inzwischen aber ist die Welt schlechter geworden, so daß nicht nur wie früher notorische Schwarzseher an Einbrecher denken. Und auch Menschen, die in den Ferien liebend gern Hunde, Katzen und Wellensittiche anderer Leute in Pflege nehmen, werden immer knapper – also sieht man sich nach jemandem zum Einhüten um, wie man in Norddeutschland die Beaufsichtigung einer anderen als der eigenen Wohnung nennt.

Die einfachste Klasse von Einhütern sind die lieben Nachbarn, die den Schlüssel bekommen, täglich die Blumen gießen, das Licht an- und ausschalten und die

Läden öffnen und schließen. Man tut das gleiche für sie, und so sind alle glücklich und zufrieden, es sei denn, das Gewissen der Einhüter schlägt, weil unter ihrer Herrschaft ein Goldfisch oder eine Azalee eingeht.

Schwieriger ist es, eine vertrauenswürdige Persönlichkeit zu finden, die bereit ist, ganz einzuziehen. Leider läßt sich das Problem nicht lösen, indem man irgendeinen Obdachlosen hierfür gewinnt. Also muß man schon jemanden suchen, der zwar ein Obdach hat, aber bereit ist, es zu verlassen, um nach unseren Tieren, Blumen, Rolläden, Blattläusen und Obsternten zu sehen und nächtliche Einbrecher abzuschrecken. Es muß eine Person unseres Vertrauens sein, worunter man nicht nur versteht, daß sie grundehrlich ist, sondern auch, daß sie den Hund nicht überfüttert, bei Bedarf die Rhododendren tränkt, nichts Heißes auf die polierten Möbel stellt, nicht über Gebühr herumschnüffelt, keine teppichbodenzerstörenden Orgien feiert und daran denkt, die Heizung abzudrehen, wenn von draußen genug Wärme hereinkommt. Vor allem sympathische, muntere, junge Leute entsprechen in vielen Punkten nicht diesen hohen Anforderungen. Da sie aber die bereitwilligsten Einhüter sind, kommt man schließlich doch wieder auf sie zurück. Verwandte im Rentenalter, die gern einmal woanders weilen, sind hingegen auch nicht immer völlig unproblematisch.

Man muß aber auch die andere Seite sehen: Da ist man ganz allein in der fremden Bleibe und trägt die Verantwortung. Zudem wurde einem zwar gesagt: „Du hast überhaupt nichts zu tun, als dazusein …", jedoch folgten dann Zusätze; … und nach dem Hund zu sehen … und laß das Meerschweinchen mal im Garten laufen … und ehe der Rasen ganz vertrocknet, nimm den Gartenschlauch … sieh zu, daß du zu Hause bist, wenn der Mann für die Waschmaschine kommt, sonst ruf ihn noch mal an ... es wäre wahnsinnig nett, wenn du die Bettwäsche wegbringst ... die Gartenstühle vertragen keinen Regen ..." und so weiter.

Und dann will der sich verlassen glaubende Hund nicht fressen, sondern sitzt mit dem Blick eines verendenden Rehs in der Ecke. Und einen neuen, möglichst gleich aussehenden Goldhamster mußt du auch auftreiben, weil der alte eine kleine Ausflugsmöglichkeit auf den Balkon zu einem Selbstmord mißbrauchte. Auch Rohrbrüche, weggewehte Dachziegel, tropfende Heizkessel und ähnliche mittlere Katastrophen sollen Einhütern schon zugestoßen sein, vom schlechten Gewissen ganz zu schweigen, wenn man zusieht, wie das Unkraut wächst und wächst, weil man sich nicht auch noch dafür zuständig fühlt. Eine spezielle Form des Einhütens ist wohl die mit den größten Problemen: Man übergibt und übernimmt nicht nur Wohnung, Garten, Tiere und Topfblumen, sondern auch kleine und größere Kinder. Doch darüber das nächste Mal.

P. S.: Irgendeinen Ärger findet man bei der Heimkehr immer. Dies sollte man gleich unter „Reisekosten" einkalkulieren und geduldig tragen!

Daheim, wenn die Sonne scheint …

Zu den guten Augenblicken in jedem Sommer gehört auch dieser: Im Hinblick auf unsere schöne braune Sommerhaut werden wir gefragt, wo wir denn wohl unseren Urlaub verbracht hätten. Wir aber können wahrheitsgetreu berichten, daß diese Bräune weder von der Nordsee noch vom Mittelmeer oder gar von den Bahamas stammt, sondern ganz schlicht auf der häuslichen Terrasse oder dem Schlafzimmerbalkon erlangt wurde und daß womöglich der Urlaub sogar noch vor uns liegt.

Das Sonnenbad daheim ist eine der echten Sommerfreuden, und die Leute haben völlig recht, die unweigerlich, wenn sie uns da liegen sehen, die Bemerkung machen: „Na, Sie haben's gut!" Merkwürdigerweise gibt einem das jedesmal einen kleinen Stich, und man versucht, gewissermaßen als Entschuldigung, zu erklären, was man heute alles schon getan habe, was man eigentlich noch tun müßte und was man hinterher noch tun werde. Vielleicht erinnert man sich auch noch daran, wie einem etwa ein Vierteljahr nach dem Eintritt ins Berufsleben an einem wunderschönen Sommertag klarwurde, daß man nun nie und nimmermehr in der Sonne liegen könne außer am Wochenende (wo bekanntlich die Sonne so gut wie nie scheint) und im Urlaub. Natürlich ist es dann doch nicht ganz so schlimm gekommen. Ich erinnere mich da mit Dankbarkeit an das Flachdach meiner ersten Redaktion.

Wenn man auch das Flachdach einfach nur so bestieg, so bedarf doch das häusliche Sonnenbad größerer Vorbereitungen: die Entscheidung, ob Liege, ob Sessel, ob Luftmatratze oder Decke auf dem Rasen (des eigenen Gartens oder des nahen Parks) muß getroffen werden. Und wenn es sich um den ersten Sonnentag nach einer Schlechtwetterperiode handelt, muß man unter Umständen in den Keller oder auf den Boden steigen und das Gewünschte holen, wobei man wieder einmal die Beobachtung machen kann, daß die schönsten (und teuersten) Gartensachen auch immer die unhandlichsten sind. Schließlich braucht man noch Buch, Sonnenöl, Lese- und Sonnenbrille, Kopftuch oder Sonnenhut. Mancher wird in der Sonne durstig, oder es fällt ihm ein, daß in der Küche noch Kirschen stehen oder ein kaltes Hähnchen, auf das er beim Denken Appetit bekommt. Es fällt einem tückischerweise, kaum daß man sich installiert hat, überhaupt oft etwas ein, was einen wieder hochjagt: Man hat die Wäsche in der Maschine vergessen, die Milch muß in den Kühlschrank, oder es gibt noch etwas Dringendes zu telefonieren. Da außerdem in unseren Breiten auf die andauernde Sonnenhitze so recht kein Verlaß ist, muß man den Stand- oder vielmehr Liegeort wechseln, weil einen der Schatten verfolgt, weil es um die Hausecke zieht oder gar, weil man an diesem Fleck das Gefühl hat, langsam zu rösten. Manchmal sind es kleine Ameisen, die erst einzeln und dann in Formationen anrücken. Oder es treibt einen, in dem Bestreben auch an Rücken und Waden nicht Schneewittchen zu gleichen, aus dem bequemen Liegestuhl bäuchlings auf den Rasen.

Doch auch unsere Mitmenschen – sofern sie nicht selbst in der Sonne liegen – wirken vielfach als Störfaktoren. Das Harmloseste ist dabei noch, wenn sie sich arglos zwischen uns und der Sonne aufbauen. Aber sie können auch, vor allem, wenn sie noch klein sind oder besonders liebevoll oder beides, sich ganz hautnah herankuscheln oder gar uns umarmen, das Haupt auf unseren Bauch betten (der nun weiß bleiben wird), oder uns bitten, ein Stück zur Seite zu rücken, was man kaum abschlagen kann, was aber unsere Bequemlichkeit erheblich stört.

Leider muß konstatiert werden, daß viele Kinder durch eine sonnenbadende Mutter zu mancherlei Einfällen angereizt werden. Je nach Alter wollen sie auch eine Luftmatratze aufgepustet haben oder wissen, wo ihre vorjährige Sonnenbrille ist, sie brauchen ganz schnell Geld für ein neues Aufgabenheft, bekommen ihren Schrank nicht auf, suchen eine Briefmarke oder müssen einem dringenden Bedürfnis folgend ihrer Hosen entledigt werden. Und wenn man gar von den Kleineren gar nichts mehr hört und sieht, jagt das jede Mutter erst recht in die Höhe.

Leider muß noch konstatiert werden, daß es nicht nur die Kinder sind, die angesichts unserer Sonnenbaderei allerlei störende Einfälle haben!

Jetzt schwirren sie wieder!

„Mückchen, laß das Stechen sein …" sangen wir als Kinder dem herumflatternden Getier vor und waren höchst enttäuscht, wenn das Tierchen nicht daran dachte, auf uns zu hören, obwohl wir ihm doch den freundlichen Alternativvorschlag machten, ins grüne Gras oder in den grünen Klee zu beißen. Da erweisen sich andere Methoden als wirkungsvoller. Man kann sie unter dem Gesamtbegriff der Mückenjagd zusammenfassen.

In den letzten Jahren hat sich als Jagdwaffe mehr und mehr die Spraydose durchgesetzt. Die wirkt aber immer ein bißchen unheimlich und ist auch nicht ständig zur Hand. Die Jagd auf das einzelne Exemplar mit Hilfe von Handtüchern, Pantoffeln, Zeitungen und anderen Waffen ist sicher sehr viel sportlicher. Man hat dabei die Möglichkeit, auf Betten, Kommoden, Schränke und alle Sitzgelegenheiten zu klettern, Großes im Anschleichen zu leisten und seine Reaktionsschnelligkeit zu beweisen. Großen Könnern gelingt sogar die Erlegung des Wildes im Fluge.

Bei den meisten Menschen gehört die große Mükkenjagd zu den Urlaubserlebnissen: Man ist zunächt nicht mit Klima und Örtlichkeit vertraut, man weiß nicht, daß die Mücken um den benachbarten Seerosenteich nur auf das Aufleuchten der Nachttischlampe lauern, und man merkt relativ spät, daß das eine Zimmerfenster auch in geschlossenem Zustand den Mücken Eintritt gewährt. Meist gewahrt man erst mitten in der Nacht die Bescherung. Ein hartnäckiges Sirren reißt einen aus dem Schlaf, oder ein Zimmergenosse tut es, der seinerseits soeben durch dies Sirren geweckt worden ist. Bei Licht besehen muß man dann feststellen, daß ganze Mückengeschwader sich im Raume tummeln. Jeder erinnert sich wohl an die eine oder andere erfolgreiche Jagd, die auf solche Entdeckung hin einsetzte.

Ich erinnere mich vor allem an eine in einem seenahen Ferienhäuschen, wo nachher der Vermieter auf Neutapezierung des von uns bewohnten und in heißer Sommernacht mehrfach bejagten Schlafzimmers bestand. Ein wunderschönes Gefühl tiefsten Friedens überkommt einen, wenn man nach gründlichster Inspektion des Raumes kein einziges Mückenexemplar mehr gefunden hat und sich wieder zum wohlverdienten Schlafe niederlegt. Leider lehrt die bittere Erfahrung, daß in neunzig von hundert Fällen das drohende Sirren nach einer hoffnungsvollen Ruhepause erneut ertönt. Der menschlichen Natur, die gern Anstrengungen vermeidet, liegt es in einem solchen Fall, zunächst abzuwarten, ob das verwaiste Tier sich bei gehöriger Aufmerksamkeit nicht vielleicht erwischen läßt, wenn es sich auf Arm oder Wange zur Mahlzeit niederläßt. Dies gelingt einem jedoch sehr selten, und noch viel weniger gelingt es, einfach nicht hinzuhören. Schließlich steht man dann also wieder mit geschwungenem Handtuch auf der Kommode …

Zu Hause, wo man sich besser auskennt, hat man es zumeist mit Einzeltieren oder einer Kleinfamilie zu tun. Aber diese Exemplare erweisen sich als besonders hartnäckig und gewitzt. Eine psychologische Belastung der Mückenjäger kann übrigens darin bestehen, daß eine Diskussion entsteht über die Frage, wer durch unvorsichtiges Brennenlassen der Nachttischlampe oder vorzeitiges Öffnen des Fensters der Urheber der Belästigung ist. Dies geschieht insbesondere dann, wenn ein Mensch dabei ist, der angesichts einer kleinen Mücke in wahre Panik verfällt und unter Umständen auch dann noch ihren Hungergesang vernimmt, wenn gar keine mehr da ist. Solche Leute können ihrerseits zu einer Mückenplage zweiter Ordnung werden, wenn sie in schwarzer Nacht verlangen, daß man auf etwas horcht, das es gar nicht gibt.

Zugegebenermaßen behandeln allerdings die Mücken nicht alle Menschen gleich. Für manche haben sie eine ausgesprochene Vorliebe und finden sie überall zu Wasser und zu Lande heraus. Auch ist Mückenstich beileibe nicht gleich Mückenstich – es gibt da gewaltige Exemplare und ganz kümmerliche. Nur eins haben sie alle gemeinsam: Sie jucken abscheulich. Schon als Kind wird einem beigebracht, daß man sie nicht wiederjukken soll, weil das die Sache nur noch verschlimmert, und schon als Kind befolgt man diese vernünftige Anweisung nicht, was man verstehen kann, wenn man sogar bei lebensklugen Greisen noch aufgekratzte Mückenstiche als Zeichen dafür findet, daß der Sommer im Lande ist.

Und deswegen gehört zu den oft gebrauchten, aber erfolglosen Mutterworten jeden Sommer auch dies: „Laß das Kratzen!"

Man liest auch so gern im Bett

Es gibt Leute, die leidenschaftlich gern im Bett lesen, und es gibt Leute, die dies für eine merkwürdige, ja störende Angewohnheit halten, zumal, wenn sie sich in der Nähe der lesenden Person aufhalten und gern schlafen würden. Meist hat diese Angewohnheit ihre Wurzeln in der Jugend, als der beklagenswerte junge Mensch zu einer Zeit ins Bett geschickt wurde, zu der er sich überhaupt noch nicht müde fühlte, und ihn auch der berechtigte Hinweis, daß er sich am nächsten Morgen, wenn er wegen der Schule sein Bett früh verlassen müsse, müde fühlen würde, nur mäßig beeindruckte. Also griff er zur Lektüre, die zu diesem Zweck unter dem Bett oder unter dem Kopfkissen bereitlag, und verbrachte genußvoll einen Teil der Nacht mit Nesthäkchen, den Fünf Freunden, der Schatzinsel oder Kapitän Bontekoes Schiffsjungen – je nach Laune und geistigem Niveau. Später kamen dann schöne dickleibige Familienromane, Krimis und auch Bücher dazu, deren Studium an sich gut und lobenswert war, aber durch Eltern, die engstirnig nur an ausreichenden Schlaf dachten, ständig unterbunden wurde. Der Lichtschimmer unter der Tür verursachte das Einbrechen verstimmter Erziehungsberechtigter, Glühbirnen wurden auf ihre Temperatur hin überprüft, Kopfkissen angehoben und Bücher konfisziert.

Trotzdem erinnert sich fast jeder an jene Stunden, wo er bis zum Morgengrauen ein spannendes Buch nur so verschlang. Manchmal bestand übrigens das Leselicht nur aus dem dürftigen Schein einer Taschenlampe, die – um allen Repressalien zu entgehen – unter der Bettdecke leuchtete. Ich erinnere mich, wie schrecklich es war, als die Batterie schwächer und schwächer wurde und schließlich ganz erlosch, gerade als die blutgierigen Huronen das Felsversteck umheulten, in dem sich die Reisegesellschaft Major Heywards verborgen hielt. Daß übrigens auch manche Lektüre im Bett konsumiert wurde, weil sie der Zensur zum Opfer gefallen war, sollte nicht unerwähnt bleiben. Das war bei mir einesteils das, was meine Mutter unter „Schmarren" verstand, andererseits aber auch ein so nützliches Werk wie „Die vollkommene Ehe".

Wie vieles andere ist auch das Lesen im Bett, wenn nicht mehr verboten, nur noch halb so schön: Ganz selten nur betreibt man es als Erwachsener bis zum Morgengrauen. Vielleicht liegt es daran, daß einem ein Teil der Fähigkeit, mit den Leuten in den Büchern mitzuleben und zu leiden, verlorengegangen ist, vielleicht fehlt aber auch nur der Reiz des Unerlaubten. Doch mit Maßen genossen ist es für viele immer noch ein Vergnügen, nach des Tages Plage, wenn man mit allem – sogar mit Zähneputzen und Weckeraufziehen – fix und fertig ist, zum Buch oder zur Zeitschrift zu greifen und noch ein bißchen zu lesen. Das muß nicht unbedingt etwas Wertvolles sein; Kriminalromane sind schon immer eine bevorzugte Bettlektüre bedeutender Männer gewesen.

Es ist ungeheuer gemütlich, nebeneinander im Bett zu liegen und zu lesen. Leider aber wollen nicht immer zwei Leute gleichzeitig noch ein bißchen lesen, und alle bringen es nicht fertig, friedlich einzuschlafen, wenn nebenan noch das Licht brennt. Dann kann sich auf beiden Seiten eine immer gereiztere Stimmung entwikkeln. Der eine wälzt sich vorwurfsvoll und seufzend hin und her und macht dem anderen innerliche oder auch hörbare Vorwürfe, und der andere fühlt sich teils schuldbewußt, teils eingeengt und möchte doch zu gern wissen, wie es in seinem Buch weitergeht. Schließlich ist man doch so und so alt geworden und will endlich tun und lassen können, was man will! Es geht also wirklich nichts über einen Schlafgenossen, der entweder ebenfalls liest oder ruhig schlummert.

Übrigens ist so ein Genosse ein wahrer Trost vor allem bei der Lektüre unheimlicher Bücher. Früher wandelte meine Schwester sogar schlaftrunken mit mir zum Badezimmer, für den Fall, daß die Mannschaft des Gespensterschiffes im Treppenhaus lauerte, während ich sie gleichzeitig vor der Kobra schützte, die (im Dschungelbuch) durch das Abflußrohr des Badezimmers kam. Man braucht eben manchmal für die Einschlaflektüre starke Nerven – oder einen Gefährten.

Der Schnee vom vergangenen Jahr

Eine oft geführte Winterdiskussion erhebt sich immer wieder um die Frage, ob es eigentlich früher mehr oder weniger geschneit habe. Irgendwie haftet in vielen Leuten die Erinnerung, als seien sie in ihrer Kindheit etwa von Anfang Dezember bis in den März hinein ständig Schlitten gefahren und auf dem Schulweg durch dicken Schnee gestapft. Auch mit Weihnachten verbindet sich die Vorstellung von verschneiten Tannen, Hütten mit Eiszapfen und Dorfkirchlein mit weißen Mützen auf den Türmen.

Wenn man sich dann aber ganz nüchtern überlegt, daß man genaugenommen Weihnachten nie auf dem Land verbracht hat, so stammt diese Erinnerung vielleicht auch nur von den einschlägigen Postkarten, auf denen heute noch das gleiche Kirchlein prangt und zu einem frohen Fest ermuntert. Auch die Gebirgsbewohner, die unverdrossen durch den Schnee stapfen, taten dies nicht bei uns daheim, sondern im Kino. Zudem sollte einem zu denken geben, daß es an unserer Schule eine sehr humane Einrichtung gab, die „schneefrei" hieß. Dies hatte nichts mit einem Verkehrschaos zu tun, sondern man wollte uns Gelegenheit zum Rodeln geben, ehe die weiße Pracht wieder weggetaut war. Es kann also nicht immer viel Schnee gegeben haben, wenigstens nicht in jedem Winter. Wohl deswegen hat man eine so strahlende und immer höher wachsende Erinnerung.

Alle Kinder mögen Schnee – oder sagen wir lieber: fast alle, denn da gibt es die kleinen Frierpeter, denen der Schnee immer kalte Füße und klamme Finger bringt, und jene unsportlichen Kinder, die von energischen Eltern im Urlaub allmorgendlich in einen Skikurs gejagt werden, so daß sie ein radikales Tauwetter geradezu als Geschenk des Himmels betrachten würden. Das wäre wieder für die sportlichen Eltern und die Skilifteigner eine wahre Katastrophe.

Aber die bedingungslose Liebe, die man im allgemeinen als Kind zum Schnee im Herz trägt, schleift sich wie viele große Lieben ab und unterliegt schnöden Bedingungen. Am Urlaubsort soll einen natürlich schöner neuer Pulverschnee erwarten, aber wenn es auf dem Weg dorthin auf die Autobahn schneit, findet man dies höchst unpassend. Der Garten soll in weißer Märchenpracht daliegen, aber bitte nur, wenn einer da ist zum Schneeschippen. (Hierzu sollte übrigens bemerkt werden, daß gegen das weitverbreitete, noch aus der überkommenen Rollenverteilung stammende Vorurteil, zum Schneeschippen seien Männer besonders geeignet, selbst eingefleischte Feministinnen nicht recht Sturm laufen.) Man ist hingerissen über einen Spaziergang im verschneiten Wald, aber wenn der Schnee von oben kühlend in die Stiefel fällt, wünscht man sich ein paar Zentimeter weniger davon, und wenn man soeben noch beglückt in die weiße Landschaft geblickt hat, wird das Glück sehr viel weniger überwältigend, wenn der Blick danach auf das eingeschneite und vereiste Auto fällt.

Vor dem Schnee hat man es mit dem Schneien zu tun, und das ist eigentlich nur genußreich, wenn man es von einem gut geheizten Zimmer aus durch die Fensterscheiben beobachten kann. Als Kind tat man das stundenlang, von der brennenden Frage bewegt: „Bleibt er liegen?" Ach, wie traurig war das, wenn er zwar auf dem Rasen liegenblieb, aber auf dem Plattenweg sogleich dahinschmolz. Draußen schneit es einem ins Gesicht und auf die Frisur, und irgendwie finden auch immer Schneeflocken den Weg zwischen Schal und Kragen zum Hals oder zwischen Ärmel und Handschuh zum Handgelenk, was sich stark und unangenehm abkühlend auswirkt. Außerdem bringt man eine Menge Schnee mit ins Haus, was auch nicht überall gern gesehen wird. Deshalb erntet man mit dem uralten Scherz, einen Schneeball mit in die Wohnung zu bringen und damit die Daheimgebliebenen zu bewerfen, nicht immer der erwarteten Beifall.

Hat man Kinder im Haus, so obliegt einem die Erschaffung eines Schneemannes, zumal, wenn der Schnee „backt", was die unerläßliche Voraussetzung zu einer gelungenen Plastik ist. Manche Leute, wahrscheinlich verhinderte Bildhauer, sind geradezu versessen darauf, eins dieser Kunstwerke aufs Vollkommenste mit Kohleknöpfen – die in der Ölheizungszeit gar nicht einfach zu besorgen sind –, Mohrrübennase, Kochtopfhut und Besenwaffe zu erstellen, manche bringen aber nur lustlos so elende Machwerke zustande, daß sich ihre Kinder genieren müssen. Das sind übrigens häufig die Leute, die morgens beim Anblick des in der Nacht gefallenen Schnees ihre Umwelt mit einem ellenlangen Fluch wecken.

Ihnen ist doch nicht etwa kalt?

„Eine Braut friert nicht!" pflegte die alte Familientante drakonisch zu bemerken, wenn in ihrer Gegenwart eine der unzähligen Hochzeiten besprochen wurde, an denen sie brennend gern bis in ihr hohes Alter teilnahm. Häufig kam dabei nämlich das Problem zur Sprache, was wohl die jeweilige weiß und festlich gekleidete Braut in der kalten Kirche außer Liebe und Glück sonst noch empfinden könne – beispielsweise an den seidenbeschuhten Füßen oder den lediglich mit Chiffon verhüllten Armen. Da meines Wissens wirklich nie eine Braut meiner Bekanntschaft gefroren hat, kann man daraus die Lehre ziehen, daß das Frieren eine ganz subjektive Angelegenheit ist. So gesehen war meine gestrenge Turnlehrerin irgenwie ein bißchen im Recht, wenn sie auf dem Schulhof angesichts unserer blaugefrorenen Arme und Beine und unserer dementsprechenden Leidensmienen angewidert zu bemerken pflegte: „Frieren ist Charakterschwäche!" Offenbar nach dieser Theorie hacken sich im Winter besonders charakterstarke Menschen ein Loch ins Eis von Elbe, Alster, Rhein oder Main und gehen dort baden.

Nun könnte ja jeder frieren oder nicht frieren, sich Frost und Kälte aussetzen oder den Rücken an den Kamin lehnen, sich in Pelz und Watte packen oder hemdsärmelig Schnee schippen, ganz so, wie es jedem beliebt, wenn da nicht zur Winterszeit die gemeinsame Heizung wäre, bei der ein Kompromiß zwischen verschiedenen Naturen gefunden werden muß. Wenn wenigstens einer eine besonders verträgliche Natur hat, Streit verabscheut oder sowieso ein völlig untergebuttertes Dasein führt, so kann es sein, daß er, klaglos vor sich hinfröstelnd, den Winter in kleidsame Wolltücher oder weniger kleidsame wollene Unterhosen gehüllt verbringt. Oder er nimmt mit dem unbehaglichen Gefühl des Gebraten- oder Ausgedörrtwerdens jeden Anlaß wahr, ganz schnell ein paar Atemzüge kalter Winterluft zu ergattern, und achtet dabei noch in rührender Weise darauf, daß den anderen kein kühler Luftzug trifft. Da aber die verträglichen Naturen dünn gesät sind, kommt es zwischen notorischen Frierern und Nichtfrierern häufig zu winterlangen Kleinkriegen. Und die laufen nicht ohne Gereiztheit ab: Ein Mensch, der bei normaler Zimmertemperatur mit leidender Miene und einer Decke um die Beine wie erstarrt im Sessel zu sitzen pflegt, kann das Gemüt des anderen ganz schön belasten. Der wiederum geht dem Frierer nicht unwesentlich auf die Nerven, weil er ständig vergißt, die Tür zu schließen, und strahlend davon berichtet, wie herrlich es draußen bei minus acht Grad Celsius im Walde sei – neckischerweise bringt er vielleicht noch einen Schneeball mit ins Zimmer. Nachdem man sich bei Beginn der kalten Jahreszeit darüber geeinigt hat, daß die Heizung überhaupt angemacht werden soll – was unter Umständen gründlich ausdiskutiert werden mußte –, beginnt der Kampf um die Zimmertemperatur. Die Nichtfrierer haben dabei den unfairen Vorteil, daß sie als Argument den Kostenfaktor mit einbringen können.

Übrigens muß hier als Anmerkung gesagt werden,

daß Menschen, die von echtem Geiz befallen sind, überhaupt nicht mehr frieren. (Das ist nicht recht unter „Charakterstärke" einzuordnen, deutet aber doch irgendwie in die Richtung.)

Glücklicherweise haben wir es mit Geizigen selten zu tun, so daß der Kampf um die angemessene Zimmertemperatur ein Kampf um wenige Grade hinauf und hinunter bleibt. Der oder die Heimkehrende beispielsweise eilt als erstes an den Thermostat und stellt – nicht ohne einen vorwurfsvollen Blick – gleich ein wenig daran herum. Da er oder sie dies noch in Schal und Mantel oder nach dem Jogging tut, handelt es sich sicher nicht um eine objektive Beurteilung, genausowenig wie wenn er oder sie gerade dem Auto, dessen Heizung nicht funktioniert, entstiegen ist. Auch heimliche Manipulation an der Wärmeregulierung im Laufe eines langen Abends ist an der Tagesordnung. Dabei hat jeder die Gelegenheit festzustellen, daß die Einstellung genau wieder dort ist, von wo er sie vor einer Stunde heimlich wegbewegt hatte. Sehr beliebt ist auch die Anrufung anwesender Gäste, die „ganz ehrlich" sagen sollen, ob sie es nicht zu kalt oder zu warm finden. Dabei tut man gut, sich vorher zu vergewissern, ob es sich um notorische Frierer oder Nichtfrierer oder gar um die guten Menschen handelt, denen prinzipiell immer alles so recht ist, wie es ist; sonst bekommt man die falsche Antwort.

Normalerweise verbringt man den Winter trotz allem ohne größere Versehrtheiten des Körpers und der Seele. Dann gilt es nur noch, sich zu einigen über den Punkt: Wann machen wir die Heizung endgültig aus?

Das schenken wir auf keinen Fall!

Obwohl man – wie alle Jahre wieder – letzte Weihnachten finster entschlossen war, das nächste Mal mit der Besorgung der Geschenke spätestens im November durchzustarten, wird es nun wieder allerhöchste Zeit, ans Werk zu gehen. Da sind die problematischen Gaben für Männer, die sich prinzipiell nichts wünschen, und für Tanten, die alles schon haben (zum Teil doppelt und dreifach). Und Geschenke für Kinder geben auch Probleme auf.

Bei den ganz Kleinen, die noch lediglich mit erstaunten Kulleraugen den Christbaum betrachten, ist es wesentlich, daß die Gabe der Mutter gefällt, was sich völlig problemlos gestaltet, wenn Mutter und Schenkende identisch ist. Kann man aber seiner zumeist ständig unterdrückten Neigung zu strahlendem Rosa in Gestalt eines Ovealls für Klein Steffi nachgeben, wenn man nicht genau weiß, ob Klein Steffis Mutter Rosa mag? Und wird sie nicht im stillen denken: „Wer soll denn das immer bügeln?", wenn man dem duftigen Charme nostalgischer Rüschen am Babygewand erliegt? Auch von den so gern gewählten Plüschtieren gibt es bereits eine stattliche Sammlung, während Baby offenbar eine ganz plüschlose Gummi-Ente bevorzugt, die über einen sichtbar wohlschmeckenden breiten roten Schnabel verfügt.

Größere Kinder können ihre Wünsche aussprechen, wobei es sich bei sehr vernünftigen Sachen wie warme Winterstiefel, eine gefütterte Jacke oder eine neue Steppdecke für Kinderbett um sichtlich ferngesteuerte Wünsche handelt. Dies allerdings kann man gewiß nicht von den Dingen annehmen, die man so abscheulich findet, daß man zunächst einmal spontan beschließt, für solche Greuel auch nicht eine müde Mark auszugeben: langbeinige Puppenwesen mit einem aus mehreren Perrücken bestehenden Frisier-Set und einer Kleideraussteuer in einem Stil, den man – gelinde gesagt – als nicht unbedingt geschmacksfördernd ansehen kann. Oder schauerlich anzusehende Hartgummi-Horrorwesen von anderen Sternen mit bluttriefenden Klauen, bleckenden Zähnen und bedrohlichen Schuppenschwänzen – sie alle will man gewiß nicht verschenken!

Es soll allerdings schon vorgekommen sein, daß der Jammer, ein armes Kind ganz ohne Monster und Batman, ohne Barbie und deren männliche Lebensgefährten geriete in seiner Klasse hoffnungslos ins gesellschaftliche Abseits, den einen oder anderen Erwachsenengrundsatz aufgeweicht hat. Und wider alle besseren Überzeugungen wurde dann womöglich noch eine Laserkanone erstanden, die dringend für die Bekämpfung aller Scheusäler aus dem Weltall vonnöten ist.

Am allerliebsten schenkt man die Sachen, mit denen man selbst früher am meisten gespielt hat oder die sich bei anderen Kindern über Jahre hinweg bewährt haben: den traditionellen Teddy, die heißgeliebte besondere Puppe, die Holzeisenbahn mit den Bauklötzen im Anhänger, das Plüschtier zum Reiten auf Rollen und drei oder vier auswendig gewußte Bilderbücher. Vielleicht hat man ja auch Glück mit diesen Gaben, aber manchmal fliegt die ganz besondere Puppe in die Ecke (und bleibt dort liegen), während ein aufziehbarer Blechaffe, der die Pfoten aneinanderschlagen kann, das Rennen um die Gunst des Kindes macht. Und das einst so geliebte Bilderbuch wird gar nicht erst aufgeschlagen, weil es sich hier um ein Kind handelt, das keine Bilderbücher mag, weil es viel lieber fernsieht.

Auch die Puppengarderobe, die man nach Schnittmustern einer klugen Zeitschrift geschmackvoll angefertigt hat, bekommt ein anderes, schmuddeliges Puppenkind angezogen, das man bei der Gelegenheit wegen Altersschwäche und angeborener Häßlichkeit ausmerzen wollte. Übrigens kann die begeisterte Beachtung eines Geschenkes bei Nichtachtung eines anderen die Eltern völlig unschuldig in peinliche Verlegenheit versetzen. Vor allem, wenn es sich um konkurrierende Geber, die beide anwesend sind, handelt – beispielsweise zwei Großmütter.

Größere Kinder haben bedauerlicherweise oft größere Wünsche, die oft Anlaß zu Betrachtungen geben, wie sehr bescheiden man doch in der guten alten Zeit war – etwa in der Kindheit dessen, der ein Geschenk machen will. Dürfte man diesen Betrachtungen glauben, wäre man früher unter dem Weihnachtsbaum in einen wahren Freudentaumel über ein gutes Buch, ein neues Puppenkleid, eine Fahrradklingel oder einen Teller mit Naschwerk geraten. Ich muß wohl ein sehr unbescheidenes Kind gewesen sein, denn ich erinnere mich sehr genau an Wünsche wie: eine Puppenstube, einen Gummiroller, einen Hund und ein Fahrrad (wovon ich allerdings die letzten beiden nie bekommen habe). Allerdings ist man doch etwas verschreckt, wenn man von Wünschen nach einem Videorecorder, einer „anständigen" Stereoanlage oder einem Heimcomputer hört.

Und ist dann der unpopulären Ansicht, daß dies denn doch nicht sein müßte. Aber was helfen alle Betrachtungen. Es wird wieder höchste Zeit. Auf ins weihnachtliche Gewühl!

Man stammt aus einer Lametta-Familie

„Frohgemut geht der Vater auf den Markt, um einen Weihnachsbaum zu kaufen ...", so stand es in meinem Schullesebuch. Wie viele Schulbuchweisheiten trifft auch diese nur partiell zu: Zunächst einmal sind für dies Geschäft weder Vater noch Markt obligatorisch, und sodann ist die Person, die sich zum Weihnachtsbaumhandel begibt, leider nicht in allen Fällen frohgemut. Das liegt nicht nur daran, daß es sich um eine verantwortungsvolle, zeitraubende und möglicherweise lästige Aufgabe handeln kann, sondern auch daran, daß ihr unter Umständen schon verstimmende Auseinandersetzungen vorausgegangen sind. Es gibt da etwa die beiden, zumeist familienererbten Auffassungen, daß man den Baum entweder ganz früh kaufen muß wegen der großen Auswahl oder im allerletzten Moment, weil da angeblich die Händler die prachtvollsten Exemplare nahezu verschleudern. Merkwürdigerweise ist der, der gehen soll, meist für den späteren Termin. Obwohl der oft nicht so günstig ist, weil die Händler nichts Rechtes mehr zum Verschleudern haben und man ein wenig befriedigendes Exemplar mit nach Hause bringen muß.

Das allerdings kann einem auch bei größter Auswahl passieren: Man hat die schon verdächtig kahlen Astspitzen übersehen oder eine Krümmung im Stamm, und überhaupt ist der ganze Baum nur aus einer bestimmten Blickrichtung nicht als kümmerlich zu bezeichnen. Er kann zu groß oder zu klein sein, was wiederum auf einer ererbten Betrachtungsweise beruhen kann. Ein Mensch aus einer Sippe, wo Weihnachtsbäume auf dem Fußboden standen, hat etwas gegen Tischbäume, mögen sie noch so makellos sein.

Ich erinnere mich nicht daran, ob der Vater in dem Lesestück auch frohgemut den Baum auf den Fuß montierte und frohgemut blieb, wenn immer wieder kritische Zuschauer, indem sie an dem sorgfältig ausbalancierten Gleichgewicht herumrüttelten, behaupteten, irgendwie stände das Resultat schief. Aber bei vielen Leuten, vor allem bei denen mit ungenügendem Werkzeug und zwei linken Händen, wird oft der echte Frohsinn schmerzlich vermißt. Es empfiehlt sich übrigens, an Weihnachtsbäumen herumzubiegen und zu -rücken, ehe sie geschmückt sind, sonst kann man unter Umständen eine echte Katastrophe erleben, die sich negativ auf die Weihnachtsstimmung auswirkt.

Auch über das Schmücken des Baumes gibt es die verschiedensten, fast immer traditionsgebundenen Ansichten. Es kann schmerzlich sein, aus einer Familie mit Lametta in eine Familie zu geraten, die Lametta verachtet, und ähnlich kann es einem mit Zuckerkringeln und Schokoladenplätzchen gehen. Es gibt sehr edel aussehende Bäume, die ganz in Weiß oder Gold gehalten sind oder gar eine echte Création mit lila Kerzen, lila Kugeln und lila Schleifen darstellen, und ganz kunterbunte, an die ein Jahr für Jahr anwachsendes Sammelsurium gehängt wird, inklusive im Kindergarten oder in der Schule gebastelter Kunstwerke. Da gibt es Ketten aus Goldpapier, armlose Weihnachtsmännchen mit Wattebart, kleine Machwerke, die nur ein liebendes

Mutterauge als Schaukelpferd erkennen kann, windschiefe Sterne aus Stroh und Engelchen aus mancherlei Werkstoff und in verschiedenen Graden der Perfektion. Wenn diese Schöpfungen ein paar Weihnachten überstehen, ohne sich aufzulösen oder anzusengen, können sie zum Bestandteil der Weihnachtsbaumtradition werden. Schon mancher halb- oder ganz erwachsene Mensch soll eine gewisse Verstimmung gezeigt haben, weil er den bunten Hahn aus Metallfolie oder die Nußschalenwiege nicht am Baum wiederfand, die er im vierten Schuljahr mit so viel Liebe gebastelt hatte. Jedes Familienmitglied hat eben nicht den echten Sinn für so einen richtig künstlerisch komponierten Christbaum und will schon gar nicht jedes Jahr etwas Neues im Weihnachtszimmer antreffen. Schon deswegen bleiben viele Vorhaben, die man beim Anschauen der oft ganz herrlichen „Tannenbaumvorschläge" in den Zeitschriften ins Auge faßt, im Planungsstadium stecken und zeitigen höchstens die Folge, daß man die zuckersüßen rosa Englein diskret aussortiert und ein paar schöne neue Seifenblasenkugeln ersteht.

Der Standort ist übrigens in den meisten Fällen vorgegeben und wechselt nie, wobei ein Eckplatz vorzuziehen ist, weil die Schokoladenseite nicht ganz so groß sein muß. Einen Weihnachtsbaum, um den, wie es in alten Büchern heißt, die Kinder fröhlich herumtanzen könnten, habe ich noch nie erlebt.

Aber welche ich auch erlebt habe – große und kleine, krumme und gerade, erlesene oder mit einem Sammelsurium behängte –, wenn erst die Kerzen brannten: Schön waren sie irgendwo alle! (Oder doch wenigstens beinahe.)

Wohin mit dem Christbaum?

Obwohl man ein Bücherregal verstellt, obwohl die Nadeln nur so bei jedem unvorsichtigen Atemzug rieseln, obwohl die gute Tante schon wiederholt ihre Schilderung abgegeben hat, wie dereinst bei ihren Nachbarn ein strohtrockener Christbaum in Brand geriet, so daß die Armen kaum das Hemd auf dem Leibe retten konnten – der Baum bleibt stehen! Mindestens bis nach Neujahr. So lange ist er immer stehen geblieben, und wenn jetzt die Zimmer nicht so kühl und die Bäume nicht so frisch sind wie in den guten alten Zeiten, in denen sich diese Tradition bildete, so gehört doch zu einem ordentlichen Silvester, daß man noch einmal alle Kerzen neu aufsetzt und anzündet, wenn auch der Baum schon ein wenig schäbig aussieht und man nicht umhin kann, mit einiger Beruhigung an die Feuerversicherung zu denken. Aber mit dem neuen Jahr muß man die Demontage dann doch ins Auge fassen.

Eines schönen Tages wird man also die Kartons aus dem Keller oder vom Boden holen, die (verstaubt, verdrückt und mit Zeitungspapier uralten Datums gepolstert) dort irgendwo im Vordergrund herumgestanden haben (da es sich nicht lohnt, sie über Weihnachten wegzuräumen), um all das wieder schön einzupacken, was man so kunstvoll vor zehn oder zwölf Tagen dekorierte. Hat eigentlich überhaupt jemand so recht gewürdigt, wie effektvoll man die goldenen Sterne immer ein bißchen hinter die durchsichtigen Glaskugeln gehängt hatte und wie listig man das große Loch im Grün unten links kaschierte?

Ordentliche Leute arbeiten beim Wegräumen schon für den nächsten Heiligen Abend vor: Sie kleben den Englein die Flügel, klauben die Stummel aus den Kerzenhaltern, säubern die Kugeln von Wachs und versorgen die Sterne mit neuen Bändchen. Ich kenne allerdings viele Leute, die genauso wie ich diese Tätigkeiten am liebsten dem nächsten Heiligen Abend vorbehalten, obwohl sie ganz genau wissen, daß man dann ohnehin genug zu tun hat und nie auf Anhieb die nötigen Zutaten zu dieser Inspektion und Restaurierung auftreibt.

Aber in welchem Zustand auch immer man alles wegräumt – das Größte bleibt übrig: der Baum als solcher! Zunächst einmal lernt man einsehen, daß die Behauptung, er habe fast keine Nadeln mehr, auf einem Irrglauben beruht. Er hat Millionen von Nadeln, und alle gelangen auf den Fußboden und treten von da die unwahrscheinlichsten Wanderungen durch die ganze Wohnung an. Man wird sie im Puppenwagen, in der Kleiderbürste und an der Seife im Badezimmer antreffen, von Dielenritzen und Teppichen ganz zu schweigen. Aber die Nadeln sind wenigstens, soweit man sie erwischt, in den Mülleimer zu befördern, wo hingegen der Baum selber schier unlösliche Probleme schafft: Wohin mit ihm? Der wöchentlichen Müllabfuhr ist er zu groß, der Sperrmüll läßt auf sich warten, und auf dem Balkon oder im Garten – sofern man eins von beiden hat – dient er nicht gerade zur Zierde.

In der Schule haben wir gelernt, Tannenholz sei nicht fest. Jeder, der mit unzulänglichen Mitteln versucht hat, einen Weihnachtsbaum kleinzukriegen, kann bezeugen, daß Tannenholz geradezu unzerstörbar ist. Mit den oberen Ästen wird man ja vielleicht noch fertig, aber was dann kommt, widersteht allen Versuchen, es auf Kamin- oder Mülleimergröße zu schnitzen. Ja, wenn man außer der Laubsäge noch eine andere hätte! Freunde von uns behaupten immer, ihr Bäumchen sei heimwehkrank (das Nadeln sei dafür ein typisches Symptom), und schaffen es schamlos in die finsterste Ecke des Waldes. Das geht aber nur mit einem Miniaturweihnachtsbaum, denn wer mit einem weit aus dem Auto herausragenden abgenadelten Tannenbaum auf den Wald zufährt, macht sich von vornherein schwer verdächtig, da jeder ahnen kann, was er im Schilde führt. Unter Umständen wird eine nächtliche Expedition zum Erfolg führen, was aber gewiß nicht jedermanns Sache ist.

Also landet der Baum doch auf dem Balkon, der ohnehin im Winterschlaf trostlos genug aussieht, oder irgendwo im Garten, wo man ihn jedesmal anschaut, wenn man vorbeikommt, und denkt: „Der Baum muß aber wirklich weg!" Als Übergangslösung empfiehlt sich, ihn mit einer Mischung aus dem übriggebliebenen Gänsefett und Talg zu übergießen und so in einen Weihnachtsbaum für die lieben Vögelchen umzufunktionieren. Das hat den Vorteil, daß man auf diese Art das wunderschöne Gänsefett los wird, das zwar keiner essen will, das aber zum Wegwerfen viel zu schade ist, allerdings auch den Nachteil, daß der kahlgefressene Baum noch jämmerlicher als zuvor aussieht. Aber jämmerlich sieht er auch aus, wenn er gleich an den Ascheimer in der Nähe des Hauseinganges gelehnt wird. Daß man alles tut, um diesen deprimierenden Eindruck loszuwerden, versteht sich von selbst. Es mangelt auch nicht an guten Menschen, die einem aus Nettigkeit dabei helfen wollen. Sie versprechen mit nimmermüdem Eifer, den Christbaum zu zersägen, ihn zum Verbrennen wegzufahren, ja sogar ihn einfach verschwinden zu lassen oder wenigstens eine Säge vorbeizubringen – aber irgendwie ruht auf allen diesen Vorhaben kein Segen. Der Baum bleibt, wo er nicht hingehört, und – wenn das Pech es so will! – verpaßt man vor lauter Warten auf die versprochene Hilfe auch noch den ersten nachfesttäglichen Sperrmüll. Ein Trost bleibt uns aber bei alledem: Irgendwie ist man den alten Christbaum doch noch immer vor dem nächsten Weihnachtsfest losgeworden!

Für und wider die Weihnachtsgans

„Die Gans", so hieß es zu Urgroßvaters Zeiten, „ist ein komischer Vogel – für einen zuviel, für zwei zuwenig!" Allen Respekt vor Urgroßvater, vor allem, wenn man bedenkt, daß auch die Gänse nicht mehr das sind, was sie zu seiner Zeit waren: große, schwere, fettstrotzende Exemplare, die noch ganz andere Möglichkeiten hatten, auf dem Magen zu liegen, als ihre eher zarten Nachkommenschaften heutzutage. Urgroßvater hätte eine Gans unter sechs Kilogramm genauso mit Verachtung gestraft wie einen Aal von Blindschleichendicke. Aber obwohl die moderne Gans bei weitem bekömmlicher ist, hat sie doch ganz entschiedene Gegner. Sowohl unter den ständig magenbewußten Leuten als auch unter denen, die das Braten einer Gans für eine hohe Kunst halten, an die sie sich noch nie herangetraut haben. Und manche schützen oft die Rücksicht auf das Innenleben ihrer Angehörigen als den eigentlichen und einzig wahren Grund vor, keine Gans zu braten.

Die Frage, ob Gans oder ob nicht, stellt sich vornehmlich zu Weihnachten, wo ohnehin in fast jeder Ehe die Traditionen aufeinanderprallen. Wer mit einer Weihnachtsgans großgeworden ist, dem fehlt etwas, wenn er statt dessen einen blauen Karpfen oder ein Fleischfondue vorgesetzt bekommt. Denn beide können schon auf dem Gebiet des herrlichen Duftes nur sehr schwer mit dem gebratenen Vogel konkurrieren. Es gehört eine ganze Portion Liebe dazu, nicht enttäuscht in den Gräten herumzustochern, die auch der schönste Karpfen nun einmal hat. Es ist auch schon geschehen, daß junge Menschen, die weit über zwanzig Jahre allweihnachtlich große Portionen der Weihnachtsgans unbekümmert und fröhlich zu sich genommen haben, plötzlich finden, so ein Tier läge doch sehr schwer im Magen und raube den Schlaf. Das kann übrigens ein bitterer Tropfen im Kelch der Weihnachtsfreude von Müttern und Schwiegermüttern sein, die mit Recht stolz auf ihren Prachtvogel von brauner, knusprig-zarter Vollkommenheit sind. Und der soll nun als eine Zumutung für die Gesundheit abgetan werden!

Daß übrigens nicht alle Gänse so vollkommen geraten können, sollte jedermann wissen. Er sollte auch wissen, daß dies immer an der Gans liegt, in der die Hausfrau, wie es so schön heißt, „ja nicht drinsteckt"! Bei Gesprächen über die einzig richtige Zubereitung ergeben sich, nebenbei bemerkt, häufig Differenzen wegen der Füllung: Ob und wieviel man an Äpfeln, Semmeln, Backpflaumen, Mandeln, Leber, Kastanien, Rosinen, Hackfleisch und Kräutern einfüllen soll. Da es sich hier um Fragen des Glaubens und der Tradition handelt, läßt sich dieses Problem nicht ausdiskutieren, zumal es auch noch wahre Puritaner gibt, die jede Füllung für eine Geschmacksverirrung halten und nur Beifuß oder allerhöchstens noch ein Sträußchen Thymian zulassen.

Daß die Verteilung einer Weihnachtsgans den Verteiler vor ganz andere Probleme stellt als etwa die eines Roastbeefs, liegt klar auf der Hand. Sie wird oft nur dadurch erleichtert, daß es in vielen Familien auch hierfür eine Tradition gibt, so daß sich die Frage „Brust oder Keule?" gar nicht erst stellt. Leider muß nur immer wieder konstatiert werden, daß die Gans mit lediglich zwei Beinen ärmlich ausgerüstet ist, da es zumeist mehr Anwärter für die Keulen gibt. Selbst eher großzügige Menschen merken sich über ein Jahr lang, ob sie diesmal mit einer der begehrten Keulen „dran" sind.

Kleinere Kinder kann man relativ lange in dem Glauben lassen, daß ein Flügel oder viel Haut vom Rücken das allergrößte ist, zumal, wenn der Flügel mit der Erlaubnis verbunden ist, ihn in die Hand zu nehmen. Leider aber kommt irgendwann der Tag, wo auch ihnen aufgeht, daß sie mit einem Bein wesentlich besser bedient wären, so daß dann der Flügel zur Zugabe eines etwas klein geratenen Bruststücks degradiert wird. Ganz klar bevorzugt werden seit eh und je jene tapferen Leute, die trotz zarten Magens allweihnachtlich beim Verzehr der Gans mithelfen. Ihnen ist ein solides Stück des als bekömmlich geltenden Busens sicher, der sonst den Respektspersonen – soweit man solche etwa in Gestalt von Erbtanten in der Familie hat – vorbehalten ist. Bestellt man dagegen Gänsebraten im Restaurant, bekommt natürlich jeder ein angemessenes nahezu gleiches Stück. Aber das ist dann doch nicht das Wahre. Die richtige Gans muß groß und prächtig in voller knuspriger Gestalt auf dem Tisch erscheinen. Und sie muß genau so sein wie im vorigen Jahr. Bloß keine Experimente!

Kochen – ein Abenteuer

Im Alter von 16 Jahren erhielt ich eine Bescheinigung darüber, daß ich eine Kochprüfung mit Erfolg bestanden habe. Diese Prüfung wurde damals verlangt, damit die jungen Gymnasiastinnen später einmal ihren „eigentlichen" Aufgaben gerecht werden könnten. Wenn man aber bedenkt, daß meine Prüfungsaufgabe in der Bereitung eines Puddings bestand, den ich nach der Gebrauchsanweisung auf der Packung herstellte, wird man unschwer verstehen, daß später, als es mit dem Kochen ernst wurde, meine Kenntnisse den Aufgaben keineswegs gerecht werden konnten. Da hatte doch die bedauernswerte Mitschülerin, die die Prüfung wiederholen mußte, weil ihre Kartoffelpuffer in der Pfanne anklebten, ein realistischeres Bild ihrer Fähigkeiten gewonnen. Auch meine ersten Kartoffelpuffer klebten an der Pfanne fest und hatten etwa die Gestalt von Kaiserschmarrn – und ich weiß heute noch nicht, wieso. Nur das eine weiß ich genau: Bei blutigen Anfängern gerät dies einfache Gericht nahezu immer daneben. Das tut übrigens auch die Buttercreme, die zu gerinnen pflegt, die Mehlschwitze, die klumpt, und die Plätzchen, von denen mindestens eine Blechbesatzung so dunkel ausfällt, daß sie später immer auf dem Teller liegen bleibt. Diese Pannen, die die ausgebuffte Köchin ausbügelt oder gelassen hinnimmt, können die Anfängerin an den Rand eines Nervenzusammenbruchs, mindestens aber zu Tränen bringen.

Wenn man vernünftig ist, arbeitet man zunächst nach dem Kochbuch, das aufgeschlagen auf dem Küchentisch liegt und bald mit allerlei Fettflecken und Saftspritzern verziert oder durch Eiweiß und Sauce klebrig ist. Aber auch dann – besonders wenn man seinen ganzen Ehrgeiz einsetzt – kann es passieren, daß man aus 250 Gramm 150 Gramm macht, daß man eine wesentliche Zutat überliest, oder daß man nicht schnell genug ist, wenn man dies und jenes vorbereiten muß, während etwas anderes „geringfügig abkühlen" soll. Manchmal auch wollen die Zutaten einfach das nicht tun, was das Kochbuch behauptet, beispielsweise „eine dicke cremige Masse bilden" oder sich „millimeterdünn ausrollen" lassen. Gerät übrigens das ehrgeizige Vorhaben wirklich, so neigt man dazu, dieses Gericht in nächster Zeit bei jeder Gelegenheit auf den Tisch zu bringen.

Eine echte Denksportaufgabe für die unerfahrene Köchin ist die Frage, wie um Himmels willen sie es anfangen soll, daß Suppe, Reis, Gemüse, Fleisch gleichzeitig fertig werden, vor allem, wenn im Kochbuch für das Fleisch die Zeit großzügig mit anderthalb bis zwei Stunden angegeben wird.

Für die Anfängerin ist es wichtig, welches Publikum beim Kochen anwesend ist. Eine Freundin, die genauso wenig von der Sache versteht, und ein kleiner Neffe, der begeistert mit den Fingern in die geronnene Buttercreme fährt, sind ein Geschenk des Himmels. Eine Schwiegermutter, die einen mit guten Ratschlägen bombardiert, kann hingegen sehr ermutigend wirken. (Allerdings wirkt eine schweigend beobachtende Schwiegermutter auch nicht gerade beflügelnd.) Die

Putzfrau, die bemerkt, sie hätte sich gleich gedacht, daß das nichts werden könne, ermuntert genauso wenig wie die eigene Mutter, die das Zusehen so nervös macht, daß sie schließlich eingreift. Am allerschlimmsten aber ist nach allgemeinen Schilderungen ein feinschmeckender Mann, dem zudem noch der Ruf eines vorzüglichen Hobbykochs anhaftet. In seiner beobachtenden Gesellschaft wird man noch nicht einmal Spaghetti aus der Packung zustande bringen, was erfahrungsgemäß heutzutage jedes Schulkind kann. Und wenn er dann noch nach einem etwas lahmen „ganz nett" oder so, die Sache selbst in die Hand nimmt und von Grund auf umgestaltet, wird man von einem Gefühl der eigenen Minderwertigkeit durchdrungen. Da hilft auch nicht, wenn man sich innerlich alle seine eigenen sonstigen Vorzüge, Fähigkeiten und Kenntnisse aufzählt. Von den Menschen, die die Herzlosigkeit aufbringen, an dem so mühsam von einer Anfängerin erstellten Essen herumzunörgeln, schweigen wir lieber.

Wenn man nicht gerade ein geborenes Kochgenie ist – auch die gibt's – und sich also seine Fähigkeiten mehr oder weniger mühsam aneignen muß, kann einem auf diesem Gebiet gar nichts besseres passieren als zunächst einmal ein liebender Mann mit gutem Appetit, den das Leben bis dahin in punkto Essen nicht verwöhnt hat. Ich habe da eine Freundin, deren Schwiegermutter mit Vorliebe Ravioli aus der Büchse servierte. Der Sohn hielt natürlich die mäßigste Kochkunst für eine Offenbarung. Mit einem harten Schicksal geschlagen aber sind alle die, die es mit den Söhnen ausgezeichnet kochender Mütter, die im Kochen ihre Lebensaufgabe sahen, zu tun bekommen.

Nun eßt auch brav euren Teller leer!

Nach einem alten Kinderglauben gibt es morgen schönes Wetter, wenn jeder brav seinen Teller leergegessen hat und alle Schüsseln gleichfalls leer sind. Da es aber hierzulande viel regnet, kann man mit Recht annehmen, daß tagtäglich in Hunderttausenden von Schüsseln und Tellern Reste bleiben, die nicht brav aufgegessen worden sind. Mit den Resten auf den Tellern macht man kurzen Prozeß: Wenn alle Ermahnungen, Strafandrohungen und strengen Blicke nichts fruchten, bekommen sie aus Gründen der Hygiene der Hund, die Katze, oder sie wandern in den Abfalleimer. Die Reste in den Schüsseln jedoch werfen Probleme auf. Da nämlich die Hausfrau, die auf sich hält, es von jeher als schwere Sünde empfindet, wenn etwas in dem von ihr geführten Haushalt umkommt, muß sie die Reste einer nützlichen Verwendung zuführen.

Da gibt es natürlich ganz simple Methoden: Man kann beispielsweise das Mittagessen abends aufgewärmt wieder auf den Tisch bringen. Aber damit wird man nicht allzuviel Beifall ernten. Außerdem sind auch häufig die Überbleibsel nicht so üppig, daß sie noch einmal zur Sättigung des gleichen Personenkreises reichen, und jedem einen mittelgroßen Klacks Mittagessen abends auf den Teller zu füllen mit dem strengen

Kommentar: „Ehe dies nicht gegessen ist, gibt es nichts anderes!" – begeistert meist auch die Tischrunde nicht allzusehr. Findige Hausfrauen sind deshalb von alters her dazu übergegangen, die Reste gewissermaßen bis zur Unkenntlichkeit verkleidet auf den Tisch zu bringen. Braten- oder Soßenreste werden zur Suppe nach Art des Hauses oder zu einer Art Ragout; Gemüse- oder Makkaronireste erstehen als Aufläufe neu; übriggebliebene Pilze bilden die Grundlage zu Pasteten; und was man alles zu wundervollen Eintöpfen zusammenkomponieren kann, läßt sich kaum ausdenken. Zu diesen Neuschöpfungen braucht man natürlich in den meisten Fällen auch neue Zutaten, so daß das Unternehmen nicht ganz so sparsam ist, wie es auf den ersten Blick scheint, selbst wenn man nicht so weit geht wie manche häuslichen Ratgeber, die etwa zur Verwertung einer übriggebliebenen Tasse Reis gleich Langusten und Spargel vorschlagen. Fatal ist nur, daß nicht allzuselten von der Resteverwertung wieder zu verwertende Reste übrigbleiben, so daß sich unter Umständen ein Huhn mit seinen Folgeerscheinungen durch die ganze Woche hinziehen kann, wobei natürlich zum Schluß das Huhn nur noch als Ahnfrau einer Kette von Resteverwertungen existiert.

Manche Gerichte lassen sich nach meinem Wissen nicht recht verkleiden. Das sind zumeist die, von denen die Hausfrau nach alter Tradition größere Mengen herstellt, weil es sich angeblich nicht lohnt, kleinere zu kochen: Erbsensuppe, Rotkohl, Himmel und Erde oder Gemüseeintopf aller Arten. Erfahrungsgemäß hat man von diesen soliden Speisen nie die richtige Menge. Entweder sind die Tischgenossen so begeistert, daß sie glatt die Menge, die für zwei Tage reichen sollte, an einem Tag aufessen und am nächsten Tag vergeblich nach dem herrlichen Grünkohl beziehungsweise dem guten Pichelsteiner von gestern verlangt wird, oder aber es geschieht durch plötzlichen Klimawechsel, durch Personenausfälle oder sonstige Mißgeschicke, daß die herrliche dicke Erbsensuppe für zwei Tage schier unerschöpflich scheint und schließlich wie eine Drohung fast eine ganze Woche über der erbsensuppenmüden Familie hängt. Wer aber brächte es fertig, die gute Suppe (am echten Katenschinkenknochen gekocht!) wegzuschütten? So geschieht es zuweilen, daß die Familie zu murren beginnt und die Hausfrau sich in ihrer Suppe selbst verschmäht fühlt. Wenn dann ein Fremder ins Haus hereinschneit und begeistert zwei Teller Erbsensuppe vertilgt und auch noch des Lobes darüber voll ist, so gewinnt ihn die Hausfrau von Herzen lieb, mag er auch sonst sein, wie er will.

Übrigens liegt es in der Natur der Sache, daß gerade von jenen Speisen am leichtesten nennenswerte Reste bleiben, die keinen besonderen Anklang finden. Leider wird der Anklang auch selten größer, wenn das verschmähte Gericht zum zweiten Male serviert wird. Kichern und Seufzen, anklagend gen Himmel geworfene Blicke, höchst unverschämt wirkendes zielloses Herumrühren im Essen bilden neben offen ausgesprochener Kritik die Bestandteile eines offenen Aufruhrs.

In solchen Augenblicken pflegten unsere Mütter mit tendenziösen Schilderungen aus dem Steckrübenwinter 1917 aufzuwarten und zu überlegen, wie unermeßlich sie sich damals über eine solch herrliche Suppe gefreut hätten. Und obwohl wir uns damals ziemlich dabei gemopst haben und das Essen wegen des Steckrübenwinters um keinen Grad lieber aßen, entdecken wir uns doch heute zuweilen dabei, daß wir unsererseits gesprächsweise den Nachkriegswinter 1945 auftischen und von Fettzuteilungen und durch die Kaffeemühle gedrehten Haferkörnern berichten, wenn die Reste nicht schmecken wollen.

Endlich ist wieder Spargelzeit!

Spargel ist etwas ganz Besonderes und wird das auch bleiben, solange es nicht möglich wird – durch neue Anbaugebiete mit passenden Transportgelegenheiten – ihn das ganze Jahr hindurch frisch auf den Tisch zu bekommen. Vorläufig ist das noch nicht der Fall, und das ist gut so. Weiß man doch genau, daß man gegen Ende der Spargelsaison gewisse Ermüdungserscheinungen zeigt, wenn zum soundsovielten Male in diesen Wochen ein Gastgeber mit strahlendem Blick ein Gebirge von zierlich aufgestapelten Spargeln auf den Tisch bringt und alles „ah" und „oh" ruft.

Wie schön und erfreulich aber ist es, nach vielen spargellosen Monaten wieder zum allererstern Spargelessen des Jahres zu schreiten! Und die Freude für den Freund dieses Gemüses wird noch größer, wenn es sich um solide Portionen handelt. Denn jene subtilen Genüsse, wo vier kalte Spargelköpfe in irgend etwas Pikantes gewickelt sind oder drei Stangen mit irgend etwas Delikatem übergossen als Vorspeise erscheinen, die sind bei weitem nicht das, wovon man in Sommer-, Herbst- und Wintermonaten träumt. Nein, da die einfachen Genüsse oft die besten sind, denkt man sich eine nicht zu kleine Platte mit einer größeren Anzahl in schlichtem Salzwasser gekochten Exemplaren. Man kann das auch mit gutem Gewissen denken, da sich längst herumgesprochen hat, wie wenige Kalorien in Spargeln stecken – wobei allerdings leider weder Schinken noch Butter noch neue Kartoffeln in Betracht gezogen werden dürfen, die nun einmal eigentlich unabdingbar zu einem richtigen Spargelessen dazugehören (von Erdbeeren mit Schlagsahne als Nachtisch ganz zu schweigen!).

Die Portionen in Restaurants übrigens, von denen man sich auf Grund der stolzen Preise Großes erwartet, stellen oft eine echte Enttäuschung dar. Überhaupt hat der Mensch mehr als bei jedem anderen Gemüse die Sorge, betrogen zu werden. Das fängt schon auf dem Markt an. Gibt es doch gewissenlose Händler, die mitten im festverschnürten Bund einige minderwertige, gebrochene oder kopflose Exemplare verbergen. Sehr subjektiv fällt auch die Beratung darüber aus, ob man wohl mit der sündhaft teuren, makellosen Ware besser fährt als mit dem Sonderangebot, das ganz gewiß mehr Abfall produziert. Hat man mehrere Personen zu bedenken, müssen solche Überlegungen schon angestellt werden. Und wenn dann noch die Stengel bei weitem holziger sind als der, den man so bereitwillig zum Befühlen herübergereicht bekam, kann man schon beim Schälen kräftige Verwünschungen ausstoßen. Dabei braucht man beim Spargelschälen eine ruhige, gefühlvolle Hand und ein ausgeglichenes Gemüt, um genausoviel wegzuschneiden, daß man weder zähe noch allzu abgemagerte Stangen erhält.

Übrigens setzt sich die Angst vor dem Betrogenwerden zuweilen bis an den Familientisch fort: Gibt es doch Sippen, in denen man den Anteil sorgfältig abzählt und sogar ein gerechter Ausgleich zwischen dicken und dünnen Exemplaren verlangt wird. Aber auch echte Verzichthandlungen können beobachtet werden, wenn es um die letzten Spargelstangen auf der Platte geht. Da wird dann unter Umständen ein Einzelstück unter edlen Reden mehrfach hin und her geschoben, ehe es endgültig auf einem Teller landet, dessen Besitzer merkwürdigerweise bei solchen Anlässen immer derselbe ist.

Es gibt sehr unterschiedliche Ansichten über das elegante Verzehren von Spargel. Ob man sie mit der Gabel, mit den Fingern, von oben herabgelassen oder aus der Waagerechten hineingeschoben, in Butter getaucht oder mit ihr beträufelt essen soll, darüber gehen die Meinungen nicht ohne Verbitterung auseinander; und wenn auch irgendein Gremium vor einigen Jahren beschlossen hat, daß man ab sofort Spargel zerschneiden darf, so gibt es doch immer noch Leute, die einem dabei gequält zuschauen, als würde man im nächsten Augenblick auch noch das Messer zum Munde führen.

Auf welche Weise man auch immer Spargel verzehrt, ist ganz gleich – die Leute mit der angeborenen Anmut erreichen selbst mit den Fingern den Eindruck von Gewandtheit und Eleganz, während die anderen sich auf jede Weise abmühen und eigentlich nur den Eindruck erwecken, daß es ihnen schmeckt. Auch ist die Imitation einer gelungenen Darbietung auf diesem Gebiet sehr schwer. Wenn also Kinder mit weit hintenübergelegtem Kopf einen Viertelmeter über dem aufgerissenen Mund einen Spargel baumeln lassen mit dem Kommentar: „So macht das Papi auch!", sollte man das nicht unbedingt glauben.

Und wie kochen Sie Ihr Frühstücksei?

Mitmenschen mittleren bis hohen Alters, die so gern den jüngeren Generationen klarmachen, wie anspruchslos und bescheiden sie aufgewachsen sind, pflegen unter anderem zu berichten, daß sie – wenn überhaupt – nur am heiligen Sonntag ein Frühstücksei zu bekommen pflegten. Dieses Ei erhielt dadurch einen Glanz von Luxus und Feiertag. Man erinnert sich übrigens nicht, daß an diesen Eiern je auch nur eine Kleinigkeit auszusetzen war. Sie müssen einfach perfekt gewesen sein.

Heutzutage hängt die Tatsache, ob man ein Frühstücksei bekommt, von Faktoren wie Zeit, Gesundheit und Neigung ab. Lassen wir einmal Zeit und Gesundheit; auch die Neigung ist kleiner geworden. Wenn man es sich früher einmal als Folge immensen späteren Reichtums vorstellte, jeden (!) Morgen zwei (!) Eier zu verspeisen, so will man jetzt häufig überhaupt keins. So beginnen die Vorbereitungen zu einem gemütlichen Frühstück für mehrere Personen zunächst mit der Frage: „Wer will ein Ei?" Merkwürdigerweise existiert nahezu in allen Kreisen die üble Angewohnheit, auf solche summarischen Anfragen keine Antwort zu geben: Man will einzeln gefragt werden, was die frühstücksbereitende Person, die ja auch noch nicht ihren dringend benötigten Kaffee gehabt hat, leicht verbittert.

Und dann folgen natürlich die Sonderwünsche betreffend Weiche oder Härte. Es gibt perfekte Eierkocher, aber es gibt gerade auf diesem Gebiet auch ausgesprochene Nieten, die nie ein Ei auf die gewünschte Art hinkriegen. Über mancher Lebensgemeinschaft hängt deswegen in Sachen Ei ein wahres Verhängnis, das sich in Unmutsäußerungen manifestiert wie „Daß es doch wohl möglich sein müßte, in diesem Haus nur ein einziges Mal ein anständig gekochtes Ei zum Frühstück zu bekommen!" oder „Ein Mensch von normaler Intelligenz müßte doch wohl imstande sein, auf die Uhr zu sehen!" Natürlich ist der betreffende Mensch dazu imstande – aber so einfach ist die Sache denn doch nicht: Er kann zu spät auf die Uhr sehen, wenn die Eier schon eine geraume Zeit kochen, er kann vergessen, wie spät es war, als das Wasser zu kochen begann, oder ein Ei ist geplatzt und muß durch ein neues ersetzt werden, das man dann später nicht mehr identifizieren kann. Es kann sein, daß man noch eben ganz schnell etwas erledigen will, ehe die viereinhalb Minuten um sind, und das dauert dann länger, oder das Telefon geht, der Toast brennt an, die Eier verlangen durch besondere Größe oder Kleinheit eine Sonderbehandlung. Kurzum, kein Nichtbetroffener kann begreifen, wie schwierig es ist, eine Zeit, die zu lang ist, um dabei abwartend stehenzubleiben, genau einzuhalten.

Leider wird bei manchen Frühstückseiessern das perfekt gekochte Ei zum Dollpunkt, woraufhin durch geheimnisvolle psychische Vorgänge sich die Fehler häufen. Übrigens wird nicht nur in solchen bedrückenden Situationen schamlos gelogen. Man hört reichlich oft die Behauptung, daß ein Ei, aus dem der farblose Glibber nur so herausfließt „ehrlich" fünf Minuten gekocht habe oder daß man das Exemplar, das auf Grund seiner Härte für jeden Schulausflug geeignet ist, bereits nach den gewünschten viereinhalb Minuten dem Wasser entnommen wäre. Die Glaubwürdigkeit dieser Aussagen kann höchstens einem Trottel einleuchten, was aber nicht hindert, daß sie immer wieder treuherzig vorgebracht werden.

Technisch ließe sich die ganze Problematik mit Hilfe eines Küchenweckers oder einer Eieruhr meistern, da es sich aber offensichtlich um menschliches Versagen handelt, wird die Unzulänglichkeit bleiben. Dabei ist es tröstlich, daß selbst die Profis häufig beim Eierkochen versagen. Zwar erkundigt sich in vielen Restaurants der Kellner höflich, wie denn der Gast sein Frühstücksei wünsche und notiert sich sorgfältig: „viereinhalb" oder „fünf" oder „sieben" Minuten, aber das Resultat ist oft deprimierend: Alle drei Eier bieten sich im gleichen Zustand dar, und man kann noch von Glück sagen, wenn dieser etwa einen Mittelwert aufzeigt und man nicht mit einem Dreieinhalb- oder Zehnminutenexemplar bedient wird. Übrigens werden Leute, die durch Reklamationen zu ihrem Ideal kommen wollen, häufig dadurch gestraft, daß sie das Gewünschte erst nach dem Frühstück bekommen.

Eine weitere, mit dem Frühstücksei zusammenhängende Frage ist die: Haben Sie auch schon beobachtet, daß Eierlöffel die Neigung haben, spurlos zu verschwinden? Und wenn ja, haben Sie eine befriedigende Erklärung dafür, wohin? Und warum gerade Eierlöffel?

Jeder Mensch ißt anders

Von den guten Manieren will ich jetzt gar nicht spre-
chen, etwa, ob einer das Messer zum Munde führt, mit
vollen Backen trinkt oder mit dem Ellbogen seinen Ne-
benmann aufspießt. Vielmehr geht es um jene Eigenheiten, die der Mensch im Laufe seines Lebens beim
Essen entwickelt und eisern beibehält. Das fängt schon
bei den Kleinen an: Die einen suchen sich zuerst die besten Bissen aus ihrem Mittagsmahl heraus – seien es
nun Fleischstückchen, die vielgeliebten Kartoffeln mit
Bratensoße, die obere Schicht vom Auflauf oder die
Rosinen aus dem Pudding – und stochern dann lustlos
in dem reizlosen Rest herum. Die anderen essen streng
methodisch abwechselnd das eine und das andere, und
die dritten heben sich das Beste bis zum Schluß auf –
nach der alten Kinderstubenregel: Wenn man das Beste
am Schluß ißt, meint man, man hätte nur das Beste gehabt. Ganz gewiß ist das ein übler Propagandatrick zu-
gunsten von Spinat und anderen ungeliebten Speisen.
  Daneben gibt es noch andere kindliche Eigenheiten:
Das Kartoffelpüree muß auf dem Teller in Form von
Beeten angelegt werden, die Soße muß oder darf auf
keinen Fall ins Gemüse laufen, und mit dem Kirschsaft
hat man einen kleinen Stausee im Vanillepudding zu
gestalten. Einige Kinder wollen das gesamte Mittagsmahl zu Mus verarbeitet haben, andere sind für strenge

Separierung und starren mit unverhohlenem Ekel das Gemisch auf ihres Brüderchens Teller an.

Später ist dann das „Gemuse" nicht mehr gestattet, was mach eine(n) nicht hindert, gewisse, möglichst unauffällige Ansätze dazu zu unternehmen. Überhaupt haben viele Leute gegen alle Ästhetik verstoßende Vorlieben, denen sie nur in vertrautestem Kreise nachkommen: die Semmel in den Kaffee tauchen, Zervelatwurst auf ein Rosinenbrot legen, auf das Käsebrot Marmelade streichen, die gute Soße mit dem Dessertlöffel auslöffeln oder sich einen kräftigen Schluck Suppenwürze aus der Flasche genehmigen. Die Liste ließe sich beliebig verlängern. Jeder wird wohl am besten selbst wissen, auf welche Weise er seine Fehltritte begeht.

Aber selbst im Bereich des Manierlichen ißt jeder anders und immer auf die gleiche Art. Ich kenne keinen Menschen, der an einem Tage sein Frühstücksei mit dem Messer köpft und es am nächsten mit dem Eierlöffel aufklopft, und wenn jemand in seinem Joghurtbecher zunächst einmal herumrührt, wird er ganz sicher nicht am folgenden Tag sorgfältig erst die obere Schicht abheben und sich dann langsam bis zum Grund hinablöffeln. Beim Spiegelei arbeiten viele um das möglichst lange unversehrte Dotter herum, während andere das Gelbe gleichmäßig über das ganze Ei verstreichen. Forellen und ähnliche Fische kann man vollständig sezieren und erst dann genußvoll verspeisen oder aber jedes abgelöste Stück sofort verzehren. Ganz sicher handelt es sich dabei um grundverschiedene Charaktere, die auch in bedeutsameren Lebensfragen sich deutlich voneinander unterscheiden, und die Leute, die unbedenklich essen, was ihnen vorgesetzt wird, sind sicher auch sonst wesentlich pflegeleichter als diejenigen, die mit Argusaugen nach Fettstreifen, winzigen Sehnen und Pfefferkörnern fahnden.

Bei Spargel zum Beispiel gibt es mancherlei Methoden, und jeder schwört auf seine. Obwohl die Messer längt nicht mehr nach Metall schmecken, und die in dieser Frage zuständigen Tanzlehrer das Zerschneiden gestattet haben, führen viele Leute noch die unhandlichen Dinger im Ganzen zum Munde, was auf keinen Fall besonders kleidsam zu bewerkstelligen ist. Übrigens muß man auch bei der Ganzheitsmethode unterscheiden zwischen der Technik unter Zuhilfenahme der Gabel und jener ganz ohne Instrument – und es ist außerordentlich selten, daß jemand auf die jeweils andere Methode umsteigt. Hinsichtlich der heißen Butter trennen sich die Geister ebenfalls: Ob sie nur über die Spargel oder auch über die Kartoffel oder gar über den Schinken gegossen wird – da hat jeder seine eingefahrenen Gewohnheiten.

Mit den Gewohnheiten kann man seinen Mitmenschen ganz hübsch auf die Nerven fallen. Sie sind es, die das Faß zum Überlaufen bringen. Wenn die Liebe vorbei ist, kann man unter Umständen nicht mehr ertragen, was man lange Zeit gelassen hingenommen hat: daß bei dem anderen nahezu jedesmal das Gelbe am Eierbecher herabläuft, daß er schier endlos in seinem Kaffee rührt, mit dem Messer ins Marmeladeglas langt, und daß er das weiche Innere aus dem Brötchen herausholt und zu Würstchen knetet – von der Angewohnheit, die Käserinden beim Tischgespräch in kleine Stückchen zu schneiden, ganz zu schweigen.

Weihnachtszeit – Plätzchenzeit!

Natürlich gibt es Frauen, die kühl und höchst verständig argumentieren: Dieser ganze Aufwand an Zeit, Mühe und Unkosten lohne sich eigentlich gar nicht; da oder dort gäbe es das allerfeinste Weihnachtsgebäck zu kaufen – gar nicht mal so teuer –, und das schmecke wie selbstgebacken. Mag sein. Aber Selbstbacken ist eben doch etwas grundlegend anderes, obwohl es einigermaßen schwerfällt zu erklären, wieso. Also wird vor Weihnachten gebacken!

Die Problematik dieses nicht zu unterschätzenden Unternehmens beginnt schon bei der Zeitwahl: Man will zwar in der Adventszeit ständig etwas vorzuweisen und anzubieten haben, trotzdem will man Weihnachten nicht vor nahezu leeren Behältnissen sitzen, in denen nur noch einige etwas stark gebackene Exemplare der weniger geliebten Traditionssorte übrig sind. Andererseits will man aber auch nicht bis zum Osterfest mit seinen Plätzchen hausieren gehen. Eigentlich braucht man über dies Problem nicht allzulange nachzudenken. Denn: Wie man es auch macht, man macht es immer falsch, richtig auskommen wird der Vorrat nie. So ist man meist zu einer Zweitauflage verdammt, genau zu der Zeit, in der man ohnehin mit dem großen Weihnachtsendspurt beschäftigt ist.

Auch die Auswahl der Sorten stellt Probleme. Selbst

sonst sehr reformfreudige, ja geradezu revolutionäre Typen halten es bei der Weihnachtsbäckerei mit geheiligten Traditionen. Manchmal bestehen sie sogar auf bestimmte Sorten von braunen Kuchen oder Pfeffernüssen, die schon die Großmutter in rauhen Mengen fabriziert hat, die umständlich zuzubereiten sind und die eigentlich auch, trotz des dringenden Bedürfnisses nach ihnen, keiner so recht essen will. (Im Vertrauen gesagt, alle Hunde lieben sie leidenschaftlich, und wenn sie sie gegen März krachend zwischen ihren Zähnen verschwinden lassen, halten sie sie wohl für eine Art süßer Knochen.)

Manche Plätzchen sind rechte Kunstwerke mit mehreren Fabrikationsgängen. Sie ruhen auf Oblaten, bekommen feine Füllungen, werden in künstlichen Mustern aus mehrerlei Teig hergestellt und aufs herrlichste verziert, bekommen Schokoladen- und Zuckerguß, kandierte Früchte und andere Köstlichkeiten obenauf, ja, man arbeitet malerisch und bildhauerisch an ihnen. Oft ist es einfach ein Jammer, daß diese Kunstwerke gebacken werden müssen, denn erfahrungsgemäß verlieren sie dabei meist. Es ist später auch ein Jammer für die Künstlerin, ihr Werk – unter Umständen gar gleichzeitig mit einer eher als Massenware zu bezeichnenden Schöpfung – ohne jede Hochachtung in irgendeinem Mund verschwinden zu sehen.

Übrigens ist den ganz großen Kunstwerken in Gestalt von künstlerisch modellierten, mit Bonbons und Zuckerwerk üppig gekleideten und gekrönten Pfefferkuchenmännern und -tieren oft ein anderes Los beschieden. Da sie viel zu schade zum Aufessen sind, verstauben sie über Jahre hinweg irgendwo. Glücklich ist diejenige zu schätzen, deren Angehörige ganz andere Plätzchen als die komplizierten Exemplare lieben:

Makronen etwa, Nußstangen oder Heidesand. Da läuft doch die Fabrikation schnell und unkompliziert, und wenn nicht gerade die Mandelmühle beim Mahlen immer von der Tischfläche abrutscht, die Heidesandrollen Nebenluft haben und der Nußstangenteig so fest ist, daß nur ein Athlet ihn durch die Kuchenspritze pressen kann, so schafft man beträchtliche Mengen in recht kurzer Frist.

Hat man aber beim Backen kleine Zuschauer, so schätzen die zwar den Teig der eben genannten Sorten zum Probieren, genießen aber erst die richtige Weihnachtsbackfreude, wenn es etwas auszurollen und auszustechen gibt. Am liebsten übernehmen sie die Sache eigenhändig, was für jeden, der das mitgemacht hat, eine große Hilfe ist. Es wird langsam und bedächtig gearbeitet, schön dick ausgerollt, möglichst verschiedene Motive werden möglichst weit auseinander plaziert und man versucht gar den geliebten Onkel in Teig zu gestalten. Wenn aber dann der Onkel bis zur Unkenntlichkeit zerläuft, gibt es Tränen der Wut und des Schmerzes zu stillen. Und neben all diesem gilt es, den Backofen immer wieder pünktlich zu leeren und mit neuen vollen Backblechen zu beschicken. Wie man weiß, nimmt Ausrollteig nahezu nie ein Ende, weil es immer die Reste auszurollen gibt. Das Backmaterial in Kinderhand nimmt dabei leicht eine etwas in Grau gehende Färbung an. Auch hier erweist sich ein Hund als nützlich.

Falls Sie es übrigens noch nicht bemerkt haben: Ich bin eine leidenschaftliche Anhängerin der Weihnachtsbäckerei!

Das hochgeschätzte „Hasenbrot"

Bisher hat mir noch kein Mensch erklären können, wieso eigentlich jene Brote, die man als Wegzehrung auf eine Wanderung oder Reise mitnimmt, dann, wenn man sie nach Beendigung des Unternehmens ungegessen auspackt, „Hasenbrote" genannt werden. Solange man noch reist oder wandert, sind es noch keine Hasenbrote, sondern erst dann, wenn man sie beim endgültigen Auspacken leicht verdrückt und keineswegs mehr taufrisch aus dem Koffer oder aus der Brottasche holt. Wenn auch der ursprüngliche Besitzer sie mit echtem Überdruß betrachtet, so finden sie doch zumeist in fremden Häusern reißenden Absatz. Fast alle Kinder sind wild auf diese Hasenbrote, die nicht nur nach fremder Wurst und fremdem Käse schmecken, sondern auch etwas von dem Duft der großen weiten Welt erahnen lassen. Aber auch Erwachsene scheuen zuweilen nicht die etwas zerlaufene Butter oder derangierte Form, weil sie Tante Emmas Mettwurst oder das echte Eifeler Bauernbrot zu schätzen wissen. Als Zugabe zu Hasenbroten werden noch eiskalte harte Eier verteilt, die außerordentlich trocken und sättigend wirken, die aber ihrerseits nie „Haseneier" genannt werden.

Zu den schwierigsten Planungen gehört es offenbar, einen Menschen mit der richtigen Menge von Butterbroten zu verproviantieren. Es sind immer entweder zuviel oder zuwenig. Schon mit den Schulbroten fängt das Leiden an. Bei mir waren es eigentlich bis auf die Zeit, da ich einen Mitschüler hatte, der aus Diätgründen auf Backobst gesetzt worden war und seine Trokkenfrüchte nur gegen drei Scheiben mit Leberwurst hergab, immer zuviel. Das brachte einen in schlimme Verlegenheit; denn wenn man auch sonst noch nicht so genau Bescheid wußte, was eigentlich alles Sünde zu nennen war, das eine wußte man doch sehr genau: Brot wegzuwerfen war ganz bestimmt Sünde, und der Himmel würde es nie ungestraft geschehen lassen, wie wir alle an unserem Mitschüler gesehen hatten, der unmittelbar, nachdem er sein Frühstücksbrot in einen offenstehenden Kohlenkeller geworfen hatte, so heftig gegen einen Laternenpfahl gelaufen war, daß sein Kopf genäht werden mußte. Aber auch bittere Armut in der Familie, Hungersnöte für das ganze Land und Gewitter konnten durch diesen Frevel ausgelöst werden. Wohin also mit den Broten? In der hintersten Schrankecke sammelten sie sich an, und wenn man zuerst noch fest vorhatte, sie nach und nach aufzuessen, so ging es einem schließlich wie einem echten Bankrotteur mit seinen Schulden: Der Berg wuchs und wuchs, und es gab keine Möglichkeit mehr, ihn je abzutragen.

Die heutigen Kinder sind ganz sicher in diesem Punkt nicht so bange, wovon die mit den schönsten belegten Broten gefüllten Schulpapierkörbe zeugen. Ihnen fehlen aber auch jene armen Kinder, an die wir zuweilen unsere Überschüsse verschenken konnten, was zwar nicht die volle Billigung unserer Mütter, aber in unseren Augen sicher die des Himmels fand. Übrigens ist es nicht so – wie ich aus eigener trüber Erfahrung weiß –, daß heutzutage keine Schulbrotberge in

den Schrankecken schimmeln und jenen wohlbekannten muffigen Geruch ausströmen, der einen so sehr an
eigene Kindernöte erinnert. Kluge Ratgeberinnen in
klugen Zeitschriften wissen natürlich ein Heilmittel:
Man muß nur eine andere, mehr appetitanregende Art
von Frühstück mitgeben, und das Kind wird alles mit
Wonne aufessen. Aber nicht jeder Mutter ist es gegeben, morgens um sieben schon schöpferisch mit
Quark, Apfelschnitten, Apfelsinenscheiben, Schoko-
ladenstückchen und Salatblättern zu hantieren – ganz
zu schweigen davon, daß man für die Allerkleinsten lu-
stige Gesichter in Radieschen schnitzen soll. Und wer
weiß, ob diese Kunstwerke dann nicht doch auch ver-
gammeln?

Zu großer Kunst kann die Speiseplanung für einen
Ausflug werden. Wenn dieser Ausflug auch oft nicht
länger dauert als ein normaler Schultag, so muß doch
die Verproviantierung ganz anders sein, gewissermaßen luxuriöser. Nicht nur muß Obst und Schokolade
mit – auch hartgekochte Eier und Landjägerwürste
zum In-die-Hand-Nehmen sind sehr gefragt. Manche
Mütter geben auch Kartoffelsalat oder Pudding im
Einmachglas mit, wobei es aber sehr auf die Umgebung
ankommt, ob man sich seines Einmachglases schämen
muß oder ob die anderen einen glühend um diese Deli-
katesse beneiden und einem helfen, das Gefäß bis auf
den Grund zu leeren – natürlich alle mit dem gleichen
Löffel.

Reiseproviant – dazu noch ausgesucht schöner, und
nicht der, an dem jemand Aufschnitt und Butter ge-
spart hat – löst zumeist unwiderstehlichen Appetit aus,
der sich bereits beim Antritt der Reise zu regen beginnt. Mütter mit frischem pädagogischem Ehrgeiz
versuchen den Augenblick des Proviantauspackens we-

nigstens bis nach der ersten Station hinauszuschieben. Aber der erwachsene, von keinen Müttern gehemmte Mensch kann auspacken, wann es ihm paßt. Und tatsächlich sieht man erstaunlich viele Leute gereiften Alters schon bei der Ausfahrt des Zuges aus dem Bahnhof nach dem ersten Reisebrot greifen.

Wenn man auf der Stufenleiter des Erfolges so weit gestiegen ist, daß man sich nur mehr in den Speisewagen begibt oder sich von eisern lächelnden Stewardessen abfüttern läßt, entgeht einem doch vieles, seien es nun Tante Emmas Mettwurstbrote oder die als Überraschung eingepackte Tüte mit getrockneten Pfirsichen. Und nach der Ankunft kann man auch niemanden mehr mit Hasenbroten erfreuen.

Fisch macht klug und
sauer macht lustig!

Als meine Freundinnen und ich gerade anfingen, nach vollkommener Schönheit zu streben, galt es nicht nur, überflüssige Rundungen durch eiserne Hungerkuren zu bekämpfen, die lediglich durch ein wenig Schokolade und Sahneeis unterbrochen wurden. Es galt auch, gegen schwarze Pünktchen um die Nase herum vorzugehen, die dazu neigten, allen angepriesenen Cremes, Pudern und Salben hartnäckig Widerstand zu leisten, obwohl doch unter dem einleuchtenden Reklamespruch „Kein Mauerblümchen mehr!" das Gegenteil versprochen wurde. Aber wenn es um die pünktchenlose Schönheit geht, wird der Mensch erfinderisch, und unsere Erfindung hieß: eine ganz besonders scharfe Zahnpaste dick auf und um die Nase schmieren. Abgesehen von schmerzhafter Rötung und tränenden Augen gab es tatsächlich Erfolge zu verzeichnen. Nun wurde mir berichtet, daß jede Pferdekur unter den Nachkommen jener schönheitsdurstigen Mitschülerinnen immer noch in verzweifelten Fällen angewandt wird. Dagegen scheiterte der Versuch, durch Einreiben mit Hartwurst den gleichen bräunenden Effekt auf einem Schulausflug zu erreichen, den Salz und Sonne und Öl an der See hervorbringen. Es gab nur einen grandiosen Sonnenbrand, und der Versuch wurde demzufolge nie wiederholt. Andere Erfindungen anderer Leute, die sich unter Umständen sehr viel weniger leicht nachprüfen lassen, haben dagegen Ewigkeitswert.

Ich weiß nicht, wer der Erfinder des Strumpfes um den Hals gegen Halsschmerzen war – vielleicht ein armer Mensch, der keinen Schal oder kein Tuch sein eigen nannte. Aber immer noch gibt es Leute, die auf besagten Strumpf schwören und ihn beileibe nicht durch etwas gleichwertig Wärmendes ersetzen würden. Da ist der feste Glaube – der bekanntlich sogar Berge versetzt – an die Wirksamkeit eines steifen Grogs beim gleichen Leiden schon weitaus verständlicher. Wenn auch inzwischen nahezu alle Ärzte (außer bedauerlicherweise bei Selbstbehandlung) diese Therapie für nutzlos oder gar schädlich halten, so sind doch Wohlgeschmack und angenehmes Wärmegefühl immer wieder überzeugend.

Überhaupt gehört die Wärmetherapie zu den beliebtesten Hausmitteln. Meine Großmutter empfahl gegen alle Leiden zunächst einmal eine warme Unterhose, und von den Leuten, die gegen jeden Schmerz mit heißen Umschlägen zu Felde ziehen, gibt es eine ganze Menge. Es irritiert nur, daß es genauso viele Menschen gibt, die in gleichgelagerten Fällen auf kalte Umschläge schwören. Manche haben auch eine Salbe im Haus – meist mir schnörkeligem Aufdruck, die gegen alles anzuwenden ist. Oft beißt und brennt sie so, daß sie tatsächlich jedes andere Unbehagen überlagert. Trotz kräftigen Waschens kann sich ihre Wirkung nachts von der Hand in die darin gelagerte Wange übertragen, die dann auch noch brennt.

Andere Hausmittel sind dagegen angenehmer. Honig beispielsweise ist gut fürs Herz, Zuckerwasser „schlägt nieder“, womit eine beruhigende Wirkung gemeint ist, Fisch macht klug, Selleriesalat sorgt für Liebeskraft, Rotwein hilft gegen Blutarmut, wohingegen man mit einem Zuckerei die Stimme verschönt. Aus unerfindlichen Gründen macht sauer lustig, aber – damit man nicht allzu lustig wird – verdünnt Essig das Blut, was auch immer man darunter verstehen mag. Nahezu unbegrenzt sind die Heilwirkungen von Tee. Ketzerischerweise muß ich hier eine eigene Beobachtung mitteilen: Häufig kommt es gar nicht so darauf an, welchen Tee man kocht – schließlich hat man ja nicht immer alles im Hause –, schon allein die Tatsache, daß etwa mitten in der Nacht jemand aufsteht und einem Leidenden Tee kocht, hat eine große Heil- und Beruhigungswirkung. Schließlich ist Kamillentee eigentlich immer gut, genau so wie Kölnisch Wasser an den Schläfen. Dabei ist das Riechfläschchen, das sich unsere Ahnfrauen an die Nase hielten, wenn eine Ohnmacht nahte, ganz aus der Mode gekommen. Für die wenigen Ohnmachten heutzutage lohnt es sich auch kaum noch.

Aber man erfährt ja nicht nur, was gut für einen ist, auch vor Schäden wird man nach ehrwürdigen Regeln gewarnt. Zwar kann man beruhigt kleine Kinder ein kleines Sandeimerchen leerlöffeln lassen, da ja bekanntlich Dreck den Magen reinigt, aber Salz macht dumm, durch vieles Lesen verdirbt man sich die Augen, und durch häufigen Schluckauf wächst das Herz zu groß.

Und wenn es unbedingt ein Junge (oder ein Mädchen) werden soll, gibt es so viele bewährte Ratschläge, daß man nicht versteht, wieso es dann doch kein Junge (oder Mädchen) geworden ist.

„Der Tee war noch blonder
als die Hausfrau ..."

Gibt es irgendwo auf der Welt einen Menschen, der sich sein Gästebuch selbst gekauft hat? Ich weiß es nicht. Im allgemeinen bekommt man Gästebücher, genau wie Sammeltassen, Alpenveilchen und Aschenbecher, geschenkt. Zur Hochzeit etwa, denn – so sagen sich die lieben Verwandten – ein Gästebuch fehlt sicher noch zum vollständigen Glück. Dieses Buch hat repräsentativ zu sein, in Schweinsleder gebunden mit Saffianrücken und -ecken, und damit kein Zweifel aufkommen kann, steht zumeist in ausdrucksvoller Schrift „Gästebuch" oder „Unsere Gäste" vorn auf dem Einband. Nur ein Barbar brächte es fertig, das gute holzfreie Papier aus diesem schönen Band herauszureißen und als Schreibpapier zu verbrauchen; also strebt man an, es dem Zwecke entsprechend zu benutzen. Ob nun die Führung eines Gästebuches wertvolles Brauchtum oder eine lästige Unsitte ist, das ist ein alter Streitpunkt. Anders als bei der normalen Literatur sind hier zumeist die um Sinnspruch und Autogramm gebetenen Autoren die heftigsten Gegner des Werkes, zum mindesten kurz vor dem schöpferischen Akt, zu dem ihnen der Band unerbittlich in die Hand gedrückt wird.

Für den Leser oder gar Besitzer kann ein Gästebuch eine ungetrübte Freude sein. Man schlägt ganz vorn etwa auf – und plötzlich hat man wieder jenes kleine

Fest mit Lampions auf dem ersten eigenen Balkon vor
Augen. Die Caprifischer – ach ja, das war damals der
Schlager! – reimen sich hier auf „fabelhafter Cocktail-
mischer", und Ingeborg unterschrieb zum erstenmal
nicht mehr mit „Lollo", sondern mit Ingeborg, was beweist, daß sie damals schon unter Jürgens Einfluß geriet. Ein paar Seiten später fand Dickys Taufe ihren
Abglanz. Siehste, Tante Anni und Onkel Peter waren
wirklich mit dem Dackel Purzel drei Wochen zu Besuch und nicht nur zehn Tage, wie sie immer behaupten. Das geschah in der Wohnung am Schumannplatz,
und es war urkomisch, wie Purzel alle Schuhe annagte.
Das heißt, damals fand man es nicht so furchtbar ko-
misch. Und da hat sich auch Johannes verewigt! Wie
oft war er in jener Zeit bei uns! Und wie lieb er von unserem alten Ohrensessel schreibt. Heute ist er sehr be-
rühmt und läßt nichts mehr von sich hören. Aber hier,
hier hat man ihn noch schwarz auf weiß mit all seiner
Dankbarkeit. Manche Leute haben auch gemalt: sich
selbst im Liegestuhl etwa, oder die vielen Mücken, eine
Pyramide aus leeren Flaschen und ein Herz aus schie-
fen klein Vergißmeinnicht, ein Porträt der gebratenen
Gans oder des Hausherrn beim Reparieren des
Fernsehapparates ...

Es ist schon etwas sehr Hübsches um ein Gästebuch,
sofern man es nicht – und hier kommt die Schattenseite
– in fröhlicher Runde unversehens nebst einem Füller
gereicht bekommt mit der Aufforderung: „Schreib irgend etwas hinein!" Das einzige, was einem in diesem
Augenblick einfällt, ist das absolute Nichts. Um sich
anzuregen, blättert man ein wenig zurück – aber entweder haben die Vorgänger solchen Unsinn geschrie-
ben, daß man sie zutiefst verachtet, oder sie waren so
geistreich, daß man erst recht entmutigt wird. Manch-

mal schrieben sie auch gerade das, was man sich selbst für den Notfall zurechtgelegt hat. Das ist besonders unangenehm, denn wenn man auch geneigt war „Saure Wochen – frohe Feste …" von Goethe abzuschreiben, so will man doch dies Zitat nicht Kurt Allemann und Frau Lotti nachempfinden.

Es gibt die verschiedensten Möglichkeiten, sich zu verewigen: Man kann in Prosa schreiben oder in Poesie. Man kann Eigenes geben oder zitieren. Man kann seiner Dankbarkeit humoristisch oder tiefempfunden Ausdruck verleihen. Und doch fällt offenbar dem gequälten Geist manchmal nur noch „Hunger ist der beste Koch …" ein. Besonders Gebildete helfen sich, indem sie Götz von Berlichingen auf arabisch zitieren oder irgendeinen Blödsinn mit dem Vermerk „Indische Spruchweisheit" (in Klammern) versehen. Als die schöpferischsten Geister erweisen sich in fast allen Gästebüchern die Logiergäste. Wahrscheinlich weil sie schon seit geraumer Zeit das Gästebuch auf der Lauer liegen sahen. So entstehen dann jene blumigen Prosastücke, die etwa beginnen mit „Auf diesem wundervollen Fleckchen Erde …", sich alsdann mit frischer Milch und kräftiger Luft befassen, in Tante Millies Käsekuchen gipfeln und auch Morpheus Arme nicht vergessen.

Besonders Begabte dichten. Sie dichten mutig und reimen kühn „Mutter Natur" auf „Drei Tage nur …", „Erika und Karl-Heinz Kraft" auf „Edlen Rebensaft …", und wenn es auch nie an Dankbarkeit fehlt, so fehlt es doch zuweilen am rhythmischen Gefühl. Beispielsweise liest sich: „Vierzehn Tage unverdrossen/ haben wir Gastfreundschaft genossen …" etwas mühsam. Doch es wäre ungerecht gegen die Gemeinschaft der Gästebuchautoren, nicht zuzugeben, daß es auch

79

echte Künstler unter ihnen gibt, die winzige Kunstwerke zustande bringen. Leider sind sie ungeheuer selten. Deshalb sind die zu loben, die es völlig ohne dichterischen Ehrgeiz bei lapidaren Bemerkungen bewenden lassen. „Der Tee war blonder als die Hausfrau …" schreibt da etwa jemand. Oder: „Günther liegt unter dem Flügel …", was sicher noch nach zwanzig Jahren die Vision eines sehr rauschenden Festes heraufbeschwört.

Übrigens: Von jenen Gästebüchern, die in den Vorräumen manch gastlicher Häuser aufgeschlagen auf einem edlen Tischchen zu liegen pflegen, wo man unter ein bereits vorgeschriebenes Datum lediglich seine Unterschrift zu setzen hat – oder auch noch nicht einmal das, weil man vielleicht schon unter „und Frau" dasteht –, ist hier nicht die Rede gewesen. Das ist etwas ganz, ganz anderes.

Kommt doch einfach mal vorbei!

Folgendes passiert gar nicht so selten: Nach einem offensichtlich gelungenen Abend verabschiedet man seine Gäste, und wenn alles Freundliche und Dankbare mehrfach ausgesprochen ist, fügt jemand noch mit großer Wärme und Begeisterung den schönen Satz hinzu: „Jetzt müßt ihr aber auch unbedingt mal zu uns kommen!" Vielleicht folgt ja in vielen Fällen eine richtige Einladung mit Datum und Uhrzeit, oft aber folgt gar nichts, worüber man sich nach einiger Erfahrung auf diesem Sektor nicht so sehr verwundert. Das „mal" als Zeitpunkt machte einen gleich skeptisch. Übrigens wird es oft noch in unabsehbare Fernen gerückt durch Zusatzbemerkungen wie: „Aber im Sommer, dann können wir alle auf der Terrasse sitzen ..." oder „Wenn wir erst den Durchbruch zu unserem Wohnzimmer fertig haben ..."

Manche Leute tun sich eben schwer mit Gästen. Das muß nicht unbedingt etwas mit Faulheit oder gar Geiz zu tun haben, es kann auch daran liegen, daß sie wirklich erst ihr Sofa neu beziehen wollen, daß das gute Service zu wenig Teller hat (womit, wie man weiß, schon bei Dornröschen das ganze Unheil anfing), daß man Schwager Peter nicht ausschließen kann, der, wenn er etwas getrunken hat, immer Witze erzählt mit der Einleitung: „Wir sind ja hier alle erwachsen ...", oder daß man fürchtet, die zweitbeste Freundin dazuladen zu müssen, die immer alle Menschen zu naturnaher Bio-Kost bekehren will. Manche Leute können über die perfekte Zusammensetzung ihrer Party so intensiv nachgrübeln, daß schließlich noch nicht einmal eine etwas weniger perfekte zustande kommt. Mit der optimistischen Möglichkeit, daß Peter so viel Interesse an biologischer Ernährung im allgemeinen und ihrer Verkünderin im besonderen nimmt, daß er alle seine Witze vergißt, rechnen sie erst gar nicht.

Manchmal hilft einem nämlich wirklich ein gütiges Geschick: Sei es, daß zwei ausgesprochene Partymuffel, die man nicht übergehen konnte, sich in einer wahren Seelenfreundschaft zusammenfinden, weil sie beide Schwierigkeiten mit dem Magen hatten, die der gleiche fabelhafte Doktor beheben konnte, sei es, daß irgendein skandalöses oder sonstwie sensationelles Tagesereignis die Wogen der Unterhaltung hochgehen läßt.

Aber alles dies können die Leute, die ihre Einladung gern richtig vorbildlich und fehlerlos gestalten wollen, natürlich nicht einkalkulieren. Und da sie auch nicht genau wissen, ob man in drei Wochen oder so draußen grillen oder drinnen am Kamin sitzen kann, lassen sie es lieber bei der unverbindlichen Aufforderung: „Kommt doch einfach mal vorbei!"

Nun sollte es wirklich für jeden Zeitgenossen den einen oder anderen Menschen geben, bei dem er einfach mal vorbeikommen kann, aber die meisten Leute würden sich doch sehr wundern, wenn man etwa zur Frühstückszeit oder gegen Abend bei ihnen klingeln würde und mit den Worten „Da bin ich also!" in ihre Wohnung träte. Sie würden im besten Falle voller Spannung darauf warten, daß man mit irgendeinem dringenden Anliegen herausrückt.

Es kann natürlich auch sein, daß die Menschen, bei denen man „einfach mal" vorbeikommt, dann gerade höchst unkleidsame Lockenwickler auf dem Kopf tragen, die Belege für die Steuererklärung auf dem Fußboden ausgebreitet haben, geschäftlichen Besuch erwarten oder im Bett den Fernsehkrimi sehen wollen. Also geht man gar nicht erst hin und wird leider den Gedanken nicht los, daß es eben dies war, was mit der unbestimmten Einladung gemeint war. An einen Fall erinnere ich mich allerdings, wo eine ganze Gruppe von Freunden so oft so unverbindlich eingeladen worden war, daß es schon aus pädagogischen Gründen notwendig schien, ein Exempel zu statuieren.

Wir kam in stattlicher Anzahl „einfach mal" vorbei, und weder die Lockenwickler der Hausfrau noch der Schlafrock ihres Gatten hinderten uns daran, es uns so richtig gemütlich zu machen. Leider muß gesagt werden, daß auf die Versicherung unserer konsternierten Gastgeber hin, es wäre nichts Ordentliches im Hause, die Herren in den Keller und die Damen in die Küche ausschwärmten und dabei sehr erfolgreich waren. Es wurde ein besonders lustiger Abend!

Allerdings weiß ich nicht recht, ob dies Rezept in allen Fällen, wo man immer „einfach mal" vorbeikommen soll, zu empfehlen ist. Nicht bei allen Leuten ist mit Pädagogik etwas zu erreichen.

Von allerlei Örtlichkeiten

Wenn man viel herumkommt, hat man Gelgenheit, denkwürdige Stätten zu entdecken, solche, zu denen selbst der Kaiser zu Fuß ging. Ich kann mir allerdings kaum vorstellen, daß der Kaiser auch dort war, wo ein baufälliges Häuslein weitab von den Wohnräumen am Zaun stand und sich durch besondere gute Belüftung auszeichnete, weil ihm die Hinterwand gänzlich fehlte. Mir wurde bedeutet, daß von dort nie jemand käme, weswegen eine dreiseitige Abschirmung vollauf genüge. Auch an einer Gelegenheit in China hatte man Überflüssiges eingespart: Dort reichte die schützende Toilettentür dem dort Sitzenden nur von den Waden bis etwa in Brusthöhe. Da es sich um mehrere Zellen nebeneinander mit stattlichen Schlangen davor handelte, war die Möglichkeit zu menschlicher Kommunikation überreich gegeben. So ist man gezwungen, fern von daheim seine Gewohnheiten zu ändern, wozu auch die völlig andere Innenarchitektur dieser Örtchen in anderer Herren Länder zwingt. Nebenbei bemerkt besagt eine alte Erfahrung, daß je bedauerlicher der hygienische Zustand eines solchen Platzes ist, um so totaler das Fehlen jeder Möglichkeit etwas aufzuhängen oder abzulegen ausfällt. Es kann deshalb nie verkehrt sein, sich nach einer zuverlässigen Begleitung umzusehen.

Diese Begleitung ist übrigens auch vonnöten, wenn man selbst nicht sehr findig ist. Es gibt Leute, die mit schlafwandlerischer Sicherheit über Treppen und Höfe den gesuchten Platz ausmachen, während andere umherirren, von mitleidigen Kellnern, Zimmermädchen und Mitgästen auf den rechten Weg gewiesen werden müssen und dann schließlich auf dem Ort landen, der für sie nicht geschlechtsspezifisch ist, obwohl sie doch nahezu als erste Vokabel im fremden Land die hierfür benötigte gelernt haben.

Es gibt wundervolle Örtlichkeiten mit goldenen Kränen, marmornen Becken, blumigen Seidentapeten, echten Stichen, Orchideen in Kristallvasen und kleinen Salons vor den eigentlichen sanitären Anlagen mit Damast- und Brokatsesselchen. Aber das Eindrucksvollste und Prächtigste, was ich je erlebte, war ein herrlich geschnitzter, mit fürstlichen Wappen und Kronen verzierter Thronsessel, zu dem man ein paar Stufen hinansteigen mußte. Das war in einem Restaurant in Italien. Es handelte sich um eine Barock-Antiquität aus großem Hause, deren Inneres man aber den modernen Anforderungen angepaßt hatte. Sehr bedauerlich, daß es den „Signori", die mit einer normalen Einrichtung vorliebnehmen mußten, von der Toilettenfrau verwehrt wurde, diese Pracht in Augenschein zu nehmen!

Toilettenfrauen können überhaupt zuweilen sehr strenge Damen sein. Vielleicht durch schlechte Erfahrungen gewitzt, bestehen sie oft auf Vorausbezahlung und stellen sich wie der Zerberus zwischen den rettenden Ort und ein eiliges Kind, das nur zwanzig Pfennig parat hat, wo doch dreißig erforderlich sind. Dagegen geben sie höchst ungern und unter unlustigem Gemurmel, ob man es nicht passend hätte, Geld heraus, und man kriegt förmlich ein schlechtes Gewissen, weil man sie beim Umhäkeln von Taschentüchern oder Lesen von Heftchen stört. Andererseits gibt es in diesem Beruf auch wahre Engel, die mit Nadel und Faden, Kopfschmerztabletten, Haarspray, freundlichen Worten und aufmunternden Sprüchen Retter in der Not sein können und der sterilen Grandhotel-Atmosphäre in den abgelegensten Räumen eine menschliche Note zufügen.

Unmenschlich hingegen sind jene Toiletten, bei denen statt der wie auch immer gelaunten Person ein Apparat an der Tür das Geld kassiert, nur auf den abgezählten Betrag reagiert und in gar keiner Weise mit dem obligaten Wischtuch herumhantiert, obwohl es manchmal dringend notwendig wäre. Oft verbünden sich daselbst übrigens einander wildfremde Benutzerinnen, indem sie sich auf eine offenstehende Toilettentür aufmerksam machen und die dann auch bei Benutzung nicht abschließen, sondern sich gegenseitig bewachen und vor möglicher unliebsamer Überraschung schützen.

Auch in die Örtlichkeiten des trauten Heims ist seit nunmehr einer Anzahl von Jahren das Streben nach Wohnlichkeit und Schönheit eingezogen: Blumen und Handtücher sind aufeinander abgestimmt. Tapeten und Vorhänge harmonieren in ausgesuchten Dessins, Becken, Waschgelegenheit, Klorolle und Seife prangen in eindrucksvollen Farben. Der Zug der Besitzer zu reiner Schönheit, zu poppiger Ausstattung oder zu nostalgischen Elementen bleibt nicht verborgen. Auch für Bildung und Unterhaltung wird gesorgt: Eine Landkarte der Gegend oder ein Stadtplan an der Tür, ein Regal mit Witzbüchern oder die Aufforderung, diesen Ort nicht beim Aufenthalt auf Stationen zu benutzen, können studiert werden. Ebenso wie der sicher vor mehr als vierzig Jahren in Kreuzstich gestickte Spruch: Setz für das harte Wort „Ich muß" das stolze Wort „Ich will!"

Von grünen und gar nicht grünen Daumen

Meine erste Topfpflanze gewann ich auf einem Kindergeburtstag. Es handelte sich um einen etwa daumennagelgroßen Kaktus in einem Blumentopf, der etwas kleiner als ein normales Schnapsglas war. Eigentlich hätte ich lieber einen Bleistiftspitzer gewonnen. Doch als uns kurz darauf unsere Lehrerin in Wort und Bild eine blühende „Königin der Nacht" vorführte, glaubte ich voller Optimismus, daß etwas Ähnliches bei sorgfältiger Pflege auch aus meinem Kaktus herauszuholen sein müßte. Ich erneuerte also die Erde, düngte reichlich aus dem Wellensittichkäfig und entnahm sogar dem Nagelnecessaire meiner Mutter ein zum Umgraben geeignetes, wenn auch nicht dazu bestimmtes Instrument. Obwohl ich auch mit dem Wasser keineswegs sparte, dachte der Kaktus nicht im Traum daran, ein wenig zu wachsen, geschweige denn zauberhafte Blüten zu entfalten. Er faulte und verschied. Nach diesem Mißerfolg hatte ich zunächst genug von allen Blumentöpfen.

Aber von einem gewissen Alter an kommen sie wieder auf einen zu – als Geschenk: kleine niedliche Blümchen, wahre Bäume von beträchtlichem Ausmaß, Frühlingsblumen aus Zwiebeln, Azaleenbüsche und Rankgewächse mit kleinen Leitern. Und fast alle haben ihre Tücken. Die einen brauchen Wasser in Mengen, die anderen haben es gern trocken, manche mögen Schatten, manche lechzen nach Sonnenschein, manche vertragen keinen Guß von oben, und manche werfen spontan alle Knospen von sich, wenn man sie nur ein wenig scharf anschaut, während andere gleich gelb vor Ärger werden, wenn man sie einmal zu gießen vergißt. Und nicht vergessen sollte man auch die weniger edlen Exemplare, die gar nichts übelnehmen, die unbekümmert wachsen und gedeihen, aber nie und nimmer blühen. Kurzum, mit Topfblumen werden einem allerlei Probleme ins Haus geliefert.

Dies trifft jedoch nicht auf alle Leute zu. Bei manchen gedeiht einfach alles, obwohl sie auch nicht viel anderes mit ihren Zimmerpflanzen anstellen als andere Besitzer. Ihre Azaleen blühen alle Jahre wieder, Alpenveilchen kriegen keine schlappen Stengel, der Gummibaum sieht ständig aus wie frisch lackiert, und sogar die Knospen der Kamelie landen nicht auf der Fensterbank wie sonst überall. Ja, selbst unsere Mickerlinge, dort in Pflege gegeben, erholen sich höchst peinlicherweise zusehends. Übrigens werden auch manche dieser gründäumigen Pflanzenfreunde durch ihre Erfolge selbst so fasziniert, daß es schließlich in ihrem Heim kaum noch ein Eckchen gibt, wo es nicht grünt. Die Fenster haben das geheimnisvolle smaragdgrüne Licht des Urwaldes und zuweilen rankt ein Cissus von Wand zu Wand und um Fenster und Türen herum. Es ist eine ungeheuer verantwortungsvolle Aufgabe, in einem solchen Haus auch nur ein paar Tage einzuhüten, der Cissus könnte es schrecklich übelnehmen. Manchmal verübeln es einem auch die freundlichen Geber der Blumentöpfe, wenn sie „ihr" Exemplar bei einem Hausbesuch nicht recht in Form oder gar überhaupt nicht mehr antreffen.

Dabei hat man diesen Umstand ja wahrhaftig nicht willentlich herbeigeführt; aber woher sollte man im vergangenen Winter einen trockenen hellen Raum mit nicht über zwölf Grad Wärme hernehmen? Was kann man dafür, wenn die mit dem Gießen Beauftragten dies über ein verlängertes Wochenende vergessen haben? Und weder Blattläuse noch Wurzelwürmer hat man schließlich eigenhändig herbeigetragen.

Ein weiteres Problem ist noch dies: Wann und wie soll man sich von einem Exemplar trennen, das in gar keiner Weise mehr seinen Zweck erfüllt, zum Schmucke des Zimmers zu gereichen? Bei denen, die man in den Garten pflanzen kann, ist die Entscheidung leicht, aber die anderen – abgeblüht, blätterarm, ins Kraut geschossen oder seit Jahr und Tag im gleichen unbefriedigenden Zustand –, merken sie es nicht vielleicht doch, wenn man sie in den Müll wirft? Darf man so hart sein wie meine Cousine, die sagt: „Wer bei mir Topfblume sein will, soll sich gefälligst zusammenreißen!"?

Stöbern Sie auch so gern auf dem Flohmarkt?

Auf einem zünftigen Flohmarkt kann man so ziemlich alles erstehen – außer Flöhen. Das heißt, genaugenommen erstand eine Freundin von mir dort auch eine nicht geringe Anzahl Flöhe, allerdings auf dem Umweg über einen kleinen Hund von unbestimmbarer Rasse, aber mit gewinnendem Ausdruck. Der Verkäufer dieses Hundes hatte noch einen Wurf Goldhamster auf Lager und einen zerzausten Wellensittich, der angeblich die Eingangsmelodie von „Dallas" pfeifen konnte – aber leider nur abends. Eigentlich waren wir auf dem Flohmarkt, um Bilderrahmen und ein altmodisches Waschgeschirr zu kaufen. Zurück kehrten wir mit jenem Hund (samt seinen noch nicht entdeckten Flöhen) und einer mit dem Drachenfels in Kreuzstich verzierten Fußbank. Woraus man ersieht, daß es sinnlos ist, sich mit vorgefaßten Einkaufsplänen dorthin zu begeben, wo jeder das verkauft, was zu Hause herumsteht oder -liegt, aber zu schade zum Wegwerfen ist. Angesichts des Gebotenen erfaßt einen tiefe Reue, wenn man an all die Sachen denkt, die man im Laufe der Jahre doch weggeworfen hat, ohne zu ahnen, daß Omas Kaffeemühle, Opas lange Pfeife und Tante Emilies Fotos von ihrem Aufenthalt auf Helgoland im Jahre 1910 noch je gefragt werden würden. Clevere Händler, die in immer größerer Zahl auf den Flohmärkten neben den Amateuren auftauchen, müssen da ein besseres Gespür gehabt haben, denn ihr Vorrat ist nahezu unerschöpflich und wächst von Markttag zu Markttag.

Jeder, der mit den Beständen der eigenen Umwelt auf den Markt zieht oder – was viel häufiger ist – seine Nachkommen auf den Markt ziehen läßt, weiß, daß es Nachschubschwierigkeiten gibt, die auch kaum dadurch zu beheben sind, daß unbefangene Teenager gierig durch eigene und fremde Behausungen streifen und alles, was nicht niet- und nagelfest ist, als geeignetes Objekt für den Flohmarkt vorschlagen. Das kann sogar zu schweren Verstimmungen führen, wenn man etwa das neckisch ballspielende Porzellanfräulein der guten Tante oder das Likörservice in der Vitrine requirieren will.

Der nicht professionelle Flohmarktbeschicker erlebt große Überraschungen: Auf der noch gut erhaltenen Lederjacke, die er für den absoluten Renner seiner Gemischtwarenhandlung hielt, bleibt er sitzen, während der Rauchverzehrer in der Gestalt eines Pudels und die beiden Abdeckplatten für einen Elektroherd gleich in der ersten Viertelstunde zu einem höchst ansehnlichen Preis ihre Käufer finden. Und die Weckglasdeckel, die nur zufällig noch in dem Henkelkorb lagen, können auch noch logeschlagen werden. Mancher bekommt auch eine schmerzliche Lehre fürs Leben wie jener Junge, der zunächst sehr befriedigt war, als er fünf uralte Grammophonplatten an den Mann gebracht hatte, dann aber vor Wut nahezu in Tränen ausbrach, als er Zeuge werden mußte, wie eben jener Mann an seinem Stand die Platten zum sage und schreibe zehnfachen Preis reißend wieder loswurde. Seitdem schaut sich der Knabe zunächst einmal bei der Konkurrenz um. Ein ganz schreckliches Erlebnis für den Amateur stellt sich ein, wenn er gar nichts verkauft, vor allem, wenn dieser Amateur noch sehr jung und nicht geübt im Hinnehmen von Schicksalsschlägen ist. Wie ein Häufchen Unglück sitzt er dann hinter seinen Mickymausheften, Automodellen, selbstbemalten Steinen und ausrangierten Püppchen und hat Gelegenheit, die Gesetze von Angebot und Nachfrage praktisch zu erfahren. Der Rücktransport der Waren ins eigene Heim hat immer etwas zutiefst Deprimierendes, auch wenn es sich um gereiftere Jahrgänge handelt.

Wie anders ist dagegen doch die Heimkehr dessen, der glaubt, auf dem Flohmarkt gut gekauft zu haben! Wenn man sich auch von dem Gedanken freimachen muß, daß man einen unentdeckten Rembrandt, einem sich als echt herausstellenden alten Schmuck oder eine Gutenberg-Bibel ausmachen wird, so gibt es doch die schönsten Sachen aufzufinden, wobei allerdings die Schönheit manchmal nur im Auge des Beschauers liegt; oder sollte etwa eine hundert Jahre alte, etwas ausladende Brotschneidemaschine und ein ausgestopfter Fischreiher allgemeinen Beifall finden? Auch ein goldgerahmtes Foto Kaiser Wilhelms mit seinen sieben Söhnen ist sicher genausowenig das, was jedem bisher schmerzlich gefehlt hat, wie ein Posten Unterhaltungsliteratur, der nach Gewicht verkauft wurde.

Es kann natürlich auch vorkommen, daß man unliebsame Überraschungen mit weißen Mäusen, einem Zwerghasen oder gar einem kleinen Hund bereitet, selbst wenn letzterer ganz und gar frei von Flöhen sein sollte. Leider nämlich sind in den seltensten Fällen diejenigen, die mit lebendigem Inventar von Flohmärkten heimkommen, identisch mit denen, die an den Folgen des Kaufs hauptsächlich zu tragen haben.

Öfter mal Tapetenwechsel!

Aktivitäten hinsichtlich der Wohnkultur setzen oft wellenartig ein. Die erste Welle rollt natürlich beim Einzug in ein neues Domizil an – aber bei allen Leuten, die ich kenne, habe ich noch nie erlebt, daß irgendein Heim gleich beim ersten Anlauf fix und fertig wurde. Zumeist brach sich die erste Welle, bevor das Endstadium so richtig erreicht war: Im Keller stand noch dies und jenes vorläufig abgestellt herum, das Regal für den Wein sollte noch endgültig stabilisiert werden, das große schwere Bild war zunächst einmal etwas leichtfertig ohne Dübel angebracht, die Eßzimmervorhänge – etwas zu lang geraten – sollten abgenommen und gesäumt werden, die häßliche Küchenlampe blieb zunächst provisorisch hängen. Auch die ungeheuer preiswert aussehenden Badezimmerkacheln von undefinierbarer Farbe, die man bei der ersten Besichtigung des neuen Heims zum Verschwinden verurteilt hatte, zieren bis auf weiteres die Wand. Erfahrene Wohnungswechsler wissen, daß vieles, was „später" gerichtet oder angeschafft werden soll, auf ewig unterbleibt, denn irgendwann hat man sich daran gewöhnt, daß man etwa dem Weinregal mit äußerster Vorsicht nahe treten muß, daß der Vorhang schleift, und die Küchenlampe sieht man schon gar nicht mehr.

Wenn dies auch unter Umständen alles so bleibt, wie

es ist – irgendwann rollt dann doch die nächste Welle. Man muß nur lange genug in der gleichen Wohnung bleiben.

Meist ist die Welle auf ein bestimmtes Gebiet beschränkt: Man sitzt etwa und telefoniert und betrachtet dabei im schönsten Sonnenschein das Sofa gegenüber, das man zwar täglich sieht, aber ganz sicher schon lange nicht mehr aufmerksam betrachtet hat. Sonst wäre einem bestimmt früher aufgefallen, was hier der Zahn der Zeit und der Rücken des Hundes, der in Anlehnung an die Sofabeine seinen Mittagsschlaf zu halten pflegt, angerichtet haben. Also ist ein neuer Bezug fällig, und jedermann weiß, daß ein neubezogenes Sofa Folgen für die Sessel nach sich zieht, wobei man noch von Glück sagen kann, wenn Lampenschirme, Vorhänge und Teppichböden unbehelligt bleiben können.

Überhaupt sind die genauen Betrachtungen manchmal sehr überraschend: Fiel mir doch neulich rein zufällig auf, daß mein entzückender weißlackierter Badezimmerabfallkorb mit der Samtschleife sehr an Lack verloren und die rosa Schleife sich in einen schlapp herunterhängenden Lappen von undefinierbarer Farbe verwandelt hat. Hier rollt also die Welle mit voller Kraft auf das Badezimmer zu – zumal man bei anderen neu eingezogenen Leuten auf Schritt und Tritt wahren Prachtstücken an Kacheln, Frottee und Flausch – ganz zu schweigen von Blumen und Keramik – begegnet.

Manchmal bekommt man die Anregungen von außen: Veilchenfarbene Körbchen in einer geradezu umwerfend hübschen Schaufensterküche führen zu einer Bestückung der Wohnung mit farbig besprühten Körbchen – für Bestecke, Zwiebeln, Kosmetika, Kamm und Bürste, Spülmittel und Handschuhe –, und wenn man einmal beim Sprühen ist, so gibt es kaum noch ein Halten, bis die jeweilige Dose zu Ende ist (sofern das nicht mitten in einem Werkstück geschieht, so daß wieder eine neue Dose angeschafft werden muß). Das kann schließlich dazu führen, daß der Handfeger wirklich in der gleichen Farbe strahlt wie das Behältnis für die Kaffeefiltertüten – genau wie in einschlägigen Zeitschriften.

Wesentlich aufwendiger ist natürlich alles das, was nur besonders geschickte Leute eigenhändig zur Verschönerung ihres Heimes fertigbringen: das Tapezieren etwa. Auch hier fängt es mit dem plötzlichen kritischen Blick auf die alltägliche Umgebung an. Hat man wirklich nie gemerkt, wie die Tapete rund um den Lichtschalter aussieht? Wie konnte man sich bloß an die Weinflecken neben dem kleinen Tischchen gewöhnen? Aber, wenn man so nachrechnet, existieren diese Tapeten schon seit geraumer Zeit – ganz zu schweigen von dem Lack auf Fenstern und Türen –, also wäre hier eine rollende Woge fällig. Manche Leute von konservativer Grundhaltung streichen die bewährte Rauhfasertapete im bewährten Weiß neu über. Bei anderen setzt die Auswahl neuer Tapeten neuester Prägung, der neuesten farblichen Vorliebe folgend, eine wahre Revolution in Bewegung. Unter Umständen erkennt man das frisch tapezierte Heim mit all seinen Folgeerscheinungen – selbst Kerzen, Aschenbecher und Telefonbuchhülle mußten ersetzt werden – kaum wieder.

Nur die häßliche Küchenlampe hängt immer noch!

Schmücke dein Heim!

Natürlich kennen Sie „Hinstellerchen"! Es sind jene großen oder kleinen Sachen aus Porzellan, Holz, Bast, Metall, Glas oder aus einer Kombination aller dieser Materialien, die nur das eine gemeinsam haben, daß sie zu überhaupt nichts nütze sind außer vielleicht, einen Fleck auf Möbeln oder Tapete zu verdecken. Vielleicht waren sie zu einem früheren Zeitpunkt einmal zu etwas nütze wie beispielsweise der Messingmörser oder die Lichtputzschere oder das Porzellangefäß mit der verschnörkelten Aufschrift „Sago"; aber nunmehr dienen sie nur noch der reinen Ästhetik. Auch die zierlich aufgereihten Messinggewichte aus einer längst vergangenen Apotheke und die kleinen Nackedeifiguren, mit deren Hilfe noch vor gar nicht so langer Zeit züchtige Chinesenfrauen dem Doktor zeigten, wo es ihnen weh tat, verschönern heute das Bücherregal.

Die Größe der Hinstellerchen kann ganz verschieden sein: Die alten Griechen und Römer hatten sie in Form lebensgroßer Statuen in den feudaleren Wohnungen stehen. Auch Goethe besaß noch den Kopf einer Juno in der Größe eines modernen Clubsessels. Bei unseren Großeltern schrumpften die gleichen Götter und Helden auf mehr handliche Formate zusammen und zierten Klavier, Kommode, Anrichte und Piedestal, unter Umständen begleitet von Beethoven, Schiller und dem Niederwalddenkmal in klitzeklein. Später kamen dann noch Uta von Naumburg, Nofretete und der Bamberger Reiter dazu, woraus man ersehen kann, daß die Hinstellerchen manches auszusagen vermögen.

Wenn heutzutage jemand eine ganze Menge Geld hinblättert, um sich eine Miniaturausgabe des Niederwalddenkmals oder Kaiser Wilhelms behelmten Kopf oder Hermann den Cherusker mit hoch aufgerecktem Schwert hinzustellen, geschieht dies mehr aus Gründen der Nostalgie und Ironie, weil nämlich viele Sachen gewissermaßen als Witz aufgebaut werden. Es gibt da die herrlichsten Sammlungen von Kitsch, die die Räume lustiger Leute aufheitern. Man darf sich allerdings nicht vergaloppieren: Als ich vor kurzem eine hochbusige rosa gekleidete Porzellandame, die neckisch nach Schmetterlingen haschte, fröhlich belachte, wurde mir in etwas irritiertem Ton bedeutet, hier handele es sich um ein köstliches Werk des Jugendstils, wie jedem Kenner gleich klar wäre. Ob da allerdings die stolzen Besitzer nicht einem köstlichen Schwindel aufgesessen sind, wie er heute unter der gängigen Marke „Jugendstil" nicht allzu selten stattfindet? Aber schließlich macht das bei Hinstellerchen auch nicht allzuviel aus, vor allem, wenn man bedenkt, daß die Dame farblich genau zum Sofa paßte. Denn auch das kann wesentlich sein, wie man vor allem den schönen Innenarchitekturfotos entnehmen kann: Die Weintrauben aus nicht ganz so echter Jade harmonieren mit dem Sessel, der Stickerei auf der Tischdecke und dem Pullover der Bewohnerin und das braune Reh auf der Fensterbank des Badezimmers ist das Tüpfelchen auf dem i einer Komposition von Naturholz, Badetüchern, Tiegeln und Klodeckel. Nur ein Barbar würde statt dessen einen grünen Hasen dulden.

Bei Leuten, die es innenarchitektonisch nicht so genau nehmen, geht das natürlich alles ein wenig durcheinander. Das liegt sicher auch daran, daß man sich normalerweise all das schmückende Beiwerk nicht gezielt für einen bestimmten Platz anschafft, sondern es im Laufe vieler Jahre als Andenken ersteht, es erbt, zum Geburtstag bekommt, von weiten Reisen mitgebracht kriegt oder einfach kauft, weil man es hübsch findet.

Manche Dinge hat man schon so lange irgendwo stehen, daß man längst nicht mehr über die ihnen einmal angedichtete Schönheit nachdenkt, wie es meiner Tante ging, als sie neulich eine immer wieder umkippende Porzellanjapanerin zum soundsovielten Male kleben wollte, aber sie dann mit den erstaunten Worten: „Eigentlich ist die ja scheußlich!" in den Papierkorb warf. Und wenn man einmal im scharfen Sonnenlicht den wunderschön bemalten bunten Holzvogel genau betrachtet, muß man plötzlich feststellen, daß er nur noch in unserer Erinnerung bunt bemalt, in Wirklichkeit aber abgeblättert und verblaßt ist. Wie gut, daß man immer wieder dringend nach Sachen für den Flohmarkt gefragt wird!

Zum ersten ... zum zweiten

Geschult durch die Lektüre jener Bücher, in denen der junge Mensch in eindrucksvoller Weise lernt, wie das Leben so spielt, stellte ich mir früher unter eine Auktion ein Unternehmen vor, bei dem, in Anwesenheit einer gebrochenen Familie, das letzte Hab und Gut der Bedauernswerten unter den Hammer kommt. Die schrecklichsten Szenen passieren: Während der ruinierte Bauer – zumeist war es ein Angehöriger dieses Standes – finster brütend nach einem geeigneten Strick Ausschau hält, klammert sich das erbarmungswürdige Weib an eine Truhe und bettelt: „Nicht diese auch noch! Sie ist das letzte Erbstück meiner seligen Mutter!"

Die Auktionen, die ich dann später besucht habe, verliefen aber völlig anders. Nur einmal fand wirklich eine im Hause des Besitzers statt. Aber der stand nicht finster brütend dabei, sondern hatte sich aus dunklen Gründen ins Ausland abgesetzt. Gegen den Charakter seiner bedauernswerten Gattin sprach das Vorhandensein von drei Pelzmänteln bei zerrissener Bettwäsche und nicht weniger als vier Mixgeräten gleicher Sorte, die unabgewaschen in der Küche standen. So äußerte sich jedenfalls die Menge, die hier kauflustig und neugierig in die Eingeweide eines fremden Hauswesens Einblick nahm. Für die getürmte Dame sprach allerdings ein süßer Babykorb, der allgemeine Rührung erregte und nachher einen viel höheren Preis erzielte, als er neu im Laden gekostet hätte.

Alle anderen Auktionen, bei denen ich hoffte, unerhörte Werte zu Schleuderpreisen zu ergattern, fanden in Sälen statt, an deren Wänden herrliche Perserteppiche oder weißbärtige Seemänner in Öl oder Vitrinen mit kristallenen Bowlen und chinesischen Vasen zu sehen waren, und von deren Decken unzählige birnenlose Lampen hingen. Bei den meisten Sachen, die hier versteigert wurden, konnte man sich nur sehr schwer vorstellen, daß der Besitzer sich weinend an sie geklammert hatte. Vielmehr konnte man sich ihn sehr gut vorstellen, wie er sich händereibend freute, den Krempel losgeworden zu sein. Und dann gibt es natürlich noch die Nachlässe: Porzellanfigürchen, sorgfältig gestopfte Spitzendeckchen, zwölf Untertassen ohne Tassen, herrliche Mahagonisekretäre, eine Diana aus Bronze mit drei Hunden, ein Posten Weckgläser, ein altmodischer Kinderschaukelstuhl und ein drei Meter langes Eichenbüfett mit geschnitzten Nixen ...

Aus diesem Sammelsurium will man nun sein Glück machen, da man gehört hat, was andere Leute für herrliche Stücke zu Schleuderpreisen ersteigerten, weil wohl sie, nicht aber die Versteigerer ahnten, was sie da hatten. Leider waren meine Auktionatoren nie so ganz ahnungslos: für echte Teppiche, antike Möbel, wertvolles Porzellan oder alte Gläser hatten sie natürlich einen Blick und auch einen Preis. Bei anderen Dingen kann man aber wirklich Glück haben: bei Schnörkelschränken, die man wundervoll anmalen kann, gemütlichen Holzbetten, kupfernen Wasserkesseln, Fischbestecken mit – allerdings nicht passendem – Monogramm, und Sofas, aus denen ein neuer Bezug wahre

Prachtstücke machen kann. Außerdem – und das darf nicht vergessen werden – hat natürlich auch die Auktion einen eigenen Reiz: ein bißchen Kino, ein bißchen Theater, ein bißchen Roulett und ein bißchen Geschäft, und natürlich auch ein bißchen gesunden Ärger, wenn der Auktionator die süße kleine Porzellandose dem dicken Herrn in der ersten Reihe zuschlägt, der sowieso schon fast alles kauft, und übersieht, daß man doch selbst auch noch geboten hat.

Nach einem merkwürdigen Naturgesetz wird der Gelegenheitsbesucher von Auktionen überhaupt öfter mal übersehen. Vielleicht macht man irgend etwas verkehrt. Oft ist man aber hinterher auch ein wenig dankbar, daß man nun den Ohrensessel für sechshundertdreißig Mark nicht nehmen muß. Man wollte gar keinen Ohrensessel kaufen. Aber als er so billig bei zweihundertfünfzig anfing, da steigerte man mit, dann geriet man in Kampfstimmung und merkte gar nicht, daß der Gelegenheitskauf immer teurer wurde. Das kann überhaupt sehr leicht passieren. Wenn man merkt, wie gern andere Leute irgendeinen Gegenstand haben möchten, kommt er einem gleich viel wertvoller vor. Leider aber hält das nicht immer an, so daß man schließlich etwa den hart erkämpften und hochbezahlten kleinen Tisch nicht ohne ein Gefühl des Mißmuts nach Hause schafft. So toll ist er schließlich gar nicht!

Reine Freude hingegen kann man an einem gutgehaltenen Satz Gartengeräten aller Art für zwanzig Mark haben oder an der Kaffeekanne für zwei Mark fünfzig, die fast genau der zerbrochenen von Großmutters altem Service gleicht.

Manchmal gibt es Sachen, von denen man nie angenommen hat, daß es so etwas gäbe: Hindenburg in Kreuzstich, Luther, der sich zur Musik von „Ein feste

Burg ..." gravitätisch im Kreise dreht, verschlungene Schwäne für Öl und Essig, und einen Barockheiligen mit Klappe zu einer Miniaturbar ... alles Dinge, die manche Leute sehr zum Mitsteigern in Versuchung führen, weil sie sich nur die Gesichter vorzustellen brauchen, wenn sie mit so einer Neuerwerbung zu Hause erscheinen. Darum ist es immer zu bewundern, wenn man wenigstens in etwa mit etwas Ähnlichem nach Hause kommt, wie man sich zu erstehen vorgenommen hatte.

Oft wird etwas ganz anderes daraus. Und hier liegt auch einer der Reize von Versteigerungen.

Wir hängen Bilder auf

Der krönende Abschluß eines jeden Umzugs, einer jeden größeren Umräumaktion oder Renovierung ist das Aufhängen der Bilder. Weil es im Gegensatz zu anderen Arbeiten, die in solchen Zusammenhängen anfallen, wirklich Spaß machen kann, neigt man dazu, es leichtfertig vorzuziehen. Davor kann nicht genug gewarnt werden: Es ist durchaus schon vorgekommen, daß die Beine der Blauen Pferde hinter der Sofalehne galoppierten und die bekannten Sonnenblumen durch Gardinen rechts und links zu einem schmalen Hochformat geschrumpft waren. Also sollte man geduldig warten, bis alles andere steht, liegt und hängt, ehe man ans Werk geht.

Je nach Wesensart ist die Arbeitsweise sehr verschieden. Die von Experten verachtete und von vielen Nichtexperten bevorzugte Methode besteht darin, lediglich mit Augenmaß, einer einzigen mittleren Sorte Nägeln und einem Hammer zu arbeiten. (Statt eines nicht aufzutreibenden Hammers einen Schuh oder Briefbeschwerer zu verwenden, hat sich nicht überall bewährt.) Diese Methode hat den Nachteil, daß zuweilen ein Bild herunterfällt – allerdings oft erst nach Monaten – und daß bei Bildern mit zwei Aufhängern manchmal eine leichte Schieflage eintritt. Die Vorteile bestehen in der Unkompliziertheit und der Möglichkeit, bei Nichtgefallen den Nagel nahezu spurlos wieder aus der Wand zu ziehen. Hin und wieder gerät man allerdings an eine Hemmschwelle, an der sich jeder Nagel krummschlägt, und manchmal versinkt er plötzlich ins Bodenlose. An die beunruhigende Möglichkeit, etwas Elektrisches oder Sanitäres zu treffen, wollen wir lieber gar nicht denken.

Dem Experten kann so etwas natürlich nicht passieren, da er über einen Installationsplan verfügt. Außerdem braucht er einen Schlagbohrer, Schrauben und Dübel verschiedener Größe, einen Schraubenzieher, eine Wasserwaage und einen Zimmermannsbleistift. Die so aufgehängten Bilder hängen für die Ewigkeit, was besonders ins Auge fällt, wenn man sie gern woanders haben möchte. Im allgemeinen werden übrigens die Experten, die keine Hilfskraft zum Suchen und Halten der Instrumente brauchen, bevorzugt. Sehr wichtig für alle beiden Methoden ist der Mitarbeiter, der aus einer angemessenen Entfernung feststellen muß, „ob es so gut aussieht" und ob Abstand und Horizontale befriedigen. Besonders über das letztere kann man in Meinungsverschiedenheiten geraten, wenn man, vom Küchenstuhl hinabgestiegen, sein Werk aus einiger Entfernung betrachtet.

Wegen dieser Meinungsverschiedenheiten, die bis zum Wegwerfen des Hammers oder der mehr oder weniger lauten Aufforderung, doch den Kram allein zu machen, und bis zum Türenknallen gehen können, arbeiten sensible Menschen auch oft von Anfang an als Solisten. Nach einer gewissen Anzahl wieder herausgezogener Nägel bekommt man es unter Umständen auch allein hin, drei gleich große Bilder in gleicher Höhe mit gleichem Abstand an die Wand zu nageln. In meinem Schlafzimmer ist das nicht ganz gelungen, weswegen ich abends im Bett oft den Nagel des einen Bildes im Geiste ein Stückchen nach rechts versetze. Tagsüber kommt man dann merkwürdigerweise nie dazu.

Aber schließlich ist das Aufhängen von Bildern ja nicht nur eine technische, sondern auch eine geistige Arbeit. Es ist zu überlegen, was wohin soll. Wenn man die vorher olivfarbene Wand wasserblau anmalen läßt, muß der grüngelbe Holzschnitt auswandern, und obwohl einen jeder richtige Kunstkenner verachtet, wenn man ein Bild passend zum Sofa kauft, so gibt es doch unbestreitbar Bilder, die nicht mehr zum Sofa passen, wenn es einen neuen Bezug bekommen hat.

Manchmal gilt es, einen Platz für ein Bild zu finden, das einem ein lieber Mensch geschenkt hat, das man aber eigentlich nicht ausstehen kann. Suchen Sie mal einen Platz aus, zwar an bevorzugter Stelle, aber wo man ein großes Aquarell kaum sieht! Und soll man alte Stiche mit moderner Grafik mischen oder sie in zwei Zimmern auseinandersortieren? Manchmal merkt man auch, daß einem etwas, was an der Wand hängt, weil es dort immer gehangen hat, eigentlich überhaupt nicht mehr zusagt. So ein Kunstwerk landet dann oft dort, wo die Gäste übernachten, weswegen die häufig Gelegenheit haben, das beim Einschlafen oder Aufwachen zu betrachten, was wir bereits geschmacklich überwunden haben. Daß die schönsten Plätze im Wohnzimmer den schönsten Bildern gebühren, ist natürlich eine ausgemachte Tatsache. Wenn man sich nur immer ganz einig darüber wäre, welches das schönste Bild ist!

Es geht nichts über einen schönen Balkon!

Wie so oft klafft eine riesige Lücke zwischen Ideal und Wirklichkeit auch da, wo es um die Gestaltung des Balkons geht. Da gibt es einmal jenen lauschigen Ort, wo man bei Lampionschein unter malerischen Ranken in warmen Vollmondnächten Balkonfeste feiert, und jenen ganz anderen Platz, der, zumeist der Küche oder dem Schlafzimmer vorgebaut, zum Lüften von Kleidung, zum Trocknen von Strümpfen, zum Aufbewahren leerer Blumentöpfe, übriggebliebenen Hundefutters und schnell weggestellter Putzeimer dient. Bei Hausfrauen, die auf sich halten, sind letztere Verwendungen nur nöglich, wenn der Balkon über Wände verfügt, die keine Einsicht gestatten – sonst wäre der Anblick von außen doch zu blamabel. Damit aber auch die Hausfrauen, die nicht auf sich halten, nicht das harmonische Äußere des Hauses stören, beinhaltet ein strenger Mietvertrag diesbezügliche Klauseln, wonach etwa das Lüften der Betten, das Trocknen der Wäsche, das Halten von Kleintieren, das Aufstellen von Kisten und das Anbringen jeglicher Sorten von Sonnenschutzkonstruktionen (außer einer bestimmten genehmigten) verboten ist. Wir hatten einmal einen Mietvertrag, der uns sogar das Betreten des Balkons untersagte. Das geschah allerdings nicht aus Gründen der Schönheit, sondern eher wegen offenkundiger Baufälligkeit.

Trotz all dieser sinnreichen Verbote gibt es aber gerade um die Balkons immer wieder in Mehrparteienhäusern Auseinandersetzungen: das dort hinausgewedelte Staubtuch, das seinen Inhalt über den nichtsahnenden Säugling auf dem Unterbalkon ausleert, die liebevoll begossenen Geranien, die überschüssiges Gießwasser nach unten abgeben, und die dort verbotswidrig getrocknete Unterwäsche, die zwar weder Passant noch Hauswirt von unten erblicken können, die aber der Oberbewohner erspähen kann, wenn er sich nur weit genug hinauslehnt. Das alles enthält Zündstoff! Von dieser Art Alltags-Balkone, die höchstens noch mit zwei Liegestühlen oder Gartensesselchen bestückt sind, gibt es unendliche Mengen, was einen aber auch nicht allzusehr wundern sollte, wenn man bedenkt, wie selten die warmen Vollmondnächte hierzulande sind.

Trotzdem ergreift viele Menschen bei den ersten warmen Sonnenstrahlen die Sehnsucht nach einem schönen Balkon – so einem richtig idyllischen Platz, wo man sitzen und in die Sonne oder den Mond schauen kann, wo es sich gut redet oder träumt oder feiert und wo – und das nicht zuletzt! – die Markise zum Gartensessel, der Gartensessel zur Bepflanzung und die Bepflanzung zur Kaffeekanne oder zum Bowlenglas passen sollte. Kurzum, einen solchen Balkon möchte man gern, wie man ihn auf wunderschönen Abbildungen gesehen hat. Blühen und ranken soll es auf ihm, und, abgesehen von den Schönheiten der Natur, soll er ein kleines Meisterwerk der Innenarchitektur darstellen.

Der Weg dahin ist nicht leicht. Am einfachsten ist noch der erste Akt, der der Entrümpelung, obgleich er einen auch vor die endgültige Entscheidung stellt, ob man die leeren Weinflaschen, die Apfelkisten und die als Blumenuntersetzer noch brauchbaren Untertassen wirklich wegwerfen soll. Dann aber wird es schon schwieriger: Ganz offensichtlich sind fast alle Balkons für die bewunderte Ausmöblierung als Freiluft-Party-Raum einfach zu klein. Die beiden orange gemalten Korbsessel, das Regal für Flaschen und Gläser, das kleine Tischchen und ein Hocker – schon kann man sich kaum noch hindurchwinden! Und wo bleiben der malerische Majolika-Esel, das Oleanderbäumchen, der Riesensteinkrug und die Blumenbank? Ganz zu schweigen von den Sitzplätzen für etwaige andere Leute?

Auch erweist sich die künstlerische Gestaltung eines Balkons von etwa einem Meter Breite und vier Metern Länge als sehr schwierig – zugegeben zwar, Platz für je einen malerischen Steinkrug an jedem Ende gibt er her, aber kaum mehr. Auch sonst hat die Möblierung ihre Tücken, weiß man doch, daß bei der Verleimung selbst der mit den allerbesten Farben gestrichenen Tischchen und Hocker Auflösungserscheinungen eintreten können, sobald der erste Dauerregen herniedergeht. Wahrhaft überwältigend schwierig wird das Erreichen der schönen Vorbilder, sobald es an den botanischen Teil geht. Wie machen es bloß die Leute, die die fotografierten Balkone schaffen, daß die Berankung mit kletternden blauen Winden gerade die richtige Dichte hat und weder dürftig dahinkümmert noch alles überwuchert? Was passiert mit den unkleidsamen Drähten, an denen die Winden oder Feuerbohnen klettern sollen, in jenen langen Wochen, in denen die Pflänzchen bestenfalls zentimeterhoch aufstreben? Wie kommt es, daß die fotografierten Pflanzen sich offensichtlich im Gegensatz zu unseren eigenen weder durch Schatten noch durch Sonne, noch durch herabgelassene Markisen stören lassen und blühen, blühen, blühen? Auf den Fotos blüht auch der Oleander, blühen die Hängenelken und die Sonnenblumen im angemalten Bierfaß, so daß man sich für die Geranien und Pelargonien, die man selber gepflanzt hat, eigentlich schon geniert. Der sichere Weg zu einem unkonventionellen Wunderbalkon ist eben leider noch nicht gefunden.

PS. Bei den Sonnenblumen im Bierfaß ist übrigens zu bedenken, daß Sonnenblumen in der Wirklichkeit sehr, sehr hoch werden können!

Haben Sie alle Schlüssel beisammen?

Geht man durch die Museen und betrachtet dort die ur-
väterlichen Gebrauchsgegenstände, so muß man feststellen, daß schon in grauer Vorzeit nicht nur der
dringende Wunsch bestand, auf irgend jemanden zu
schießen oder seinen Schädel einzuschlagen, sondern
daß man auch schon sehr früh danach trachtete, Eigen-
tum für andere unzugänglich zu machen. So wurden
überall Schlösser mit dazu passenden Schlüsseln kon-
struiert zu Zeiten, als man sehr viel nützlichere Sachen
wie Waschmaschinen, Motorsägen, Fahrräder, Suppen
in Tüten oder gar Knöpfe mit Knopflöchern noch nicht
einmal im Langzeitprogramm hatte. Wir stehen stau-
nend vor wahren Wunderwerken von Schlössern mit
mehreren verschiedenen Schlüsseln, die so kompliziert
sind, daß wir uns fragen, ob man sie auch im Bedarfsfall
aufschließen konnte und ob immer alle Schlüssel zur
Hand waren. Denn dies ist eine Problematik der
Menschheit, solange es Schlüssel und Schlösser gibt.

Sie betrifft allerdings nicht alle Leute. Zunächst einmal sind die ausgenommen, die in paradiesischer Un-
schuld ein Leben ohne Schlösser führen, und dann
noch die, die zwar stets und ständig alles abschließen,
aber aufgrund einer beneidenswerten Veranlagung nie
Schlüssel verlegen. Alle anderen erleben die merkwür-
digsten Begebenheiten. So verschwinden selten ge-
brauchte Schlüssel – etwa an Wohnzimmertüren oder

Kommodenschubladen – spurlos. Oder aber, wenn man sie etwa einmal vor Weihnachten oder so doch benutzen will, muß man feststellen, daß sie überhaupt nicht passen, obwohl sie irgendwann einmal gepaßt haben. In nahezu jedem länger existierenden Haushalt gibt es auch eine Sammlung von überzähligen Exemplaren, die man natürlich nicht wegwerfen kann, weil sich sofort danach ihre Bestimmung herausstellen würde. Und, obwohl man nie Koffer abschließt, könnte es doch einmal nötig sein, und dann wird man alle die nie benutzten, aber sorgfältig bewahrten kleinen Schlüsselchen durchprobieren, um den benötigten zu identifizieren. (Oder auch nicht.)

Selbst ein vorzüglich passender und klar lokalisierter Schlüssel verliert seinen Sinn, wenn er sich auf der falschen Seite des Schlosses oder an einem sonst unzugänglichen Ort befindet. Kleine Kinder beispielsweise haben eine leidenschaftliche Vorliebe für Schlüssel, teils weil es ihren Forschungsdrang befriedigt, sie aus den Schlössern herauszuarbeiten, teils wegen des offenbar pikanten Geschmacks. Leider aber neigen die Kleinen abschließend dazu, sie im Müllschlucker, in der Kanalisation oder im Sandkasten zu deponieren, wo sie einem sehr wenig nützen können. Nun gibt es natürlich immer Leute, die angesichts einer so verzweifelten Situation die Frage stellen, wie man es nur fertigbringen konnte, einem so kleinen Kind einen so wichtigen Schlüssel „anzuvertrauen". So ein Mensch hat natürlich keine Ahnung – weder von Kindern noch von Schlüsseln, noch vom Anvertrauen.

Nicht ganz selten geschieht es auch, daß die Autotür zuschnappt, und der Schlüssel steckt sichtbar im Zylinderschloß, oder er liegt gar neben Brot, Eiern und Tomaten im Kofferraum. Wenn man Glück hat, gerät man an eine geschickte Person, die innerhalb so kurzer Zeit mit Hilfe eines Drahtes oder etwas Ähnlichem ins Innere gelangt, daß man sich verblüfft fragt, wozu man überhaupt den Wagen abschließt. Eine weniger geschickte Person schafft es allerdings nur, irgendeine Scheibe zu zerbrechen, was schließlich auch zum Ziel führt. Leider kann bei solchen Gelegenheiten auch konstatiert werden, daß nur wenige Leute auf Anhieb und korrekt angeben können, wo sie einen etwaigen Reserveschlüssel aufheben. Oft wissen sie nur, daß es ein sehr sicherer Ort irgendwo im Haus war. Das ist natürlich von sehr geringem Nutzen, wenn es einem in diesem Moment auch am Hausschlüssel mangelt.

Nebenbei bemerkt gibt es doch immer wieder Leute, die, selbst mit passenden Schlüsseln versehen, Schwierigkeiten haben, eine Tür zu öffnen. Man kann ihnen noch so genau erklären, daß man die Tür anheben oder wegdrücken muß, daß der Schlüssel schwer oder gar falsch herum dreht – meist mitten in der Nacht werden wir durch endloses Herumarbeiten an unserem Türschloß geweckt. Davor steht dann ein beschämter Mensch mit dem Schlüssel in der Hand. Natürlich gibt es auch Verwechslungen: Eine Haustür sieht aus wie die andere, bei dem Garderobenschränkchenetikett unterscheidet sich die 9 nicht von der 6, und zwei Autos der gleichen Marke und Farbe wollen auch genau betrachtet sein. Es ist immer ein wenig peinlich, wenn man sich intensiv um ein falsches Schloß bemüht! Manchmal paßt aber doch ein falscher Schlüssel. Einen großen Anteil an meiner in frühem Alter sehr vertieften Aufklärung verdankte ich der Tatsache, daß damals unser Briefkastenschlüssel auf das Bücherschrankschloß paßte.

Umgang mit jungen Hunden

Eine der allerwichtigsten Regeln im Umgang mit ganz jungen Hunden ist die: Niemals soll man sich verleiten lassen, kürzlich auf die Welt gekommene Hundebabys unverbindlich anzuschauen. Wer sie nämlich einmal angesehen hat, der ist schon verloren. Er will bestimmt einen haben, obwohl er die wichtige Frage der Anschaffung eines Hundes (und eines Hundes gerade von dieser Art) noch gar nicht fertig überdacht hat. Es gibt eben kaum einen Menschen, der nicht dahinschmilzt, wenn ihn Hundekinderaugen nachdenklich anschauen, wenn so ein Wollknäuel sich listig auf übergroßen, runden Pfoten anschleicht und ein wildes Raubtier spielt oder ein tapferes Piepsgebell ausstößt. Und wenn dieses Hundekind jemand sich auch noch auf dem Arm des ihn „unverbindlich Anschauenden" zusammenrollt und vertrauensvoll an dessen Finger saugt, dann überkommt den die Gewißheit, daß er eigentlich heute ganz bestimmt gerade solch einen Hund kaufen wollte – was sicher nicht immer der reinen Wahrheit entspricht. Manchmal werden ihm alle vernünftigen Bedenken ins Gedächtnis zurückgerufen, wenn er daheim von der Neuanschaffung berichtet. In einem solchen Fall ist es gut, wenn er den unüberlegten Kauf gleich mit sich führt, so daß auch anderen Leuten, die vielleicht ein Wörtchen mitzureden gehabt hätten, Gelegenheit geboten wird, dahinzuschmelzen. Was kein noch so überzeugendes Argument vermag, das vermag das Hundebaby in Person, das winzig und einsam auf dem Teppich sitzt, zur schwindelnden Höhe der argumentierenden Menschen aufblickt und versuchsweise einmal ganz leicht mit dem Schwänzchen wedelt.

Der Hundefachmann sucht sich natürlich aus einem Wurf das kräftigste und lebhafteste Tier mit den edelsten Rassemerkmalen aus. Das hat der Laie – nach Lektüre eines klugen Hundebuches – auch vor. Aber das hochangesetzte Ohr, den breiten, aber nicht gewölbten Brustkasten, die korrekt getragene Rute – und was der schönen Merkmale noch mehr sind – findet er an den herumtobenden oder kreuz und quer schlafenden Objekten sowieso nicht heraus. Statt dessen schließt er den einen ins Herz, der so mutterseelenallein in der Ecke sitzt, oder den anderen, der ans Gitter getrabt kommt und an unseren Handschuhen knabbert.

Der so nach rein sachlichen Gesichtspunkten ausgesuchte Hund sitzt dann also schließlich und endlich daheim auf dem Teppich. Von dort sollte man ihn schnell hochnehmen, denn mit jeder stärkeren Seelenregung bei Freud und Leid, Sättigung oder Müdigkeit, Langeweile oder Angst beweist er uns, daß er ja zunächst weder stuben- noch küchen- noch flur- noch schlafzimmerrein ist. Schließlich liegt die ganze Familie tagelang auf der Lauer, um festzustellen, ob er etwas im Schilde führt, um ihn noch rechtzeitig vorher ins Freie zu schaffen. Hat die Aktion Erfolg, ertönt lautes Lobgeschrei. Leider aber haben Hundekinder nicht nur ein Lieblingsplätzchen zum Schlafen, sondern auch für andere Beschäftigungen. Besonders verbitternd ist es, wenn sie dies Plätzchen aufsuchen, nachdem man sie völlig erfolglos in schwarzer Nacht bei Wind und Wetter und in mangelhafter Bekleidung auf- und abgeführt hat.

Eine zoologische Überraschung, die die Neuanschaffung dem unerfahrenen Besitzer bereitet, ist die, daß junge Hunde offenbar zu den Nagetieren zu rechnen sind. Außer den Sachen, die man ihnen extra dazu anschafft, zernagen sie auch alles übrige: Schuhe, Kindereisenbahnen, Stuhlbeine, Puppenköpfe und Bettvorleger. Ich erinnere mich an einen kleinen Hund, der in stundenlanger Arbeit einen riesengroßen auf der Kirmes gewonnenen Bären auswaidete. Das Innere des Bären bestand aus genügend Holzwolle, um einen ganzen Raum gleichmäßig zu dekorieren. Der kleine Hund war eben einsam und traurig. Und dies ist ein Gesichtspunkt, der bei der Anschaffung oft nicht ganz klar einkalkuliert wurde: Einsame kleine Hunde jaulen entweder die ganze Nachbarschaft zusammen oder begeben sich an die Arbeit. Man kann von Glück sagen, wenn es nur ein Kirmesbär ist, hat man doch in diesem Zusammenhang auch schon von Perserteppichen, Pelzmänteln und antiken Kommodenbeinen gehört.

Wie jedermann weiß, erledigen sich diese Probleme bei konsequenter Erziehung. Leider aber wird die Pädagogik ungeheuer erschwert durch den traurigen, zu Herzen gehenden Augenausdruck, den schon ein Hundebaby produzieren kann, wenn man ihm etwa nicht gestattet, das Sofa mitzubenutzen oder mit ins Kino zu gehen; ganz zu schweigen von dem Blick eines vor Hunger und Entkräftigung sofort verscheidenden Rehs, den der kleine Hund sein eigen nennt, wenn wir vor seiner Nase ein Schinkenbrot verzehren. Aber welch doppelter Verrat, wenn unser Hündlein dann schweifwedelnd zu einem anderen Menschen überwechselt, der ihn – "weil das arme Tier doch auch mal merken muß, daß Sonntag ist" – mit einem Stückchen Schinken erfreut!

Ausgezogene Kinder

Wenn hier von ausgezogenen Kindern die Rede ist, so handelt es sich keineswegs um nackte Sprößlinge, sondern um jene Halb- oder Ganzwüchsigen, die das Elternhaus verlassen haben. Dafür gibt es die mannigfaltigsten Gründe neben einem berufs- oder ausbildungsbedingten Ortswechsel: Man will weg aus dem Grünen mitten in die Stadt; man möchte mit vielen anderen Leuten oder einem ganz speziellen Menschen zusammenwohnen; man erträgt jene Menschen nicht mehr, die daran Anstoß nehmen, wenn man noch mittags um eins im Bett liegt und die Badewanne nicht nach Gebrauch reinigt; man geniert sich vor tonangebenden Altersgenossen, daß man immer noch bei den Eltern haust (und gar nicht einmal so ungern) oder man will einfach nur endlich sein eigener Herr sein. Wenn die zurückbleibenden Eltern es auch durchaus zu schätzen wissen, daß ein Raum frei wird und nun vielleicht auch die Hausfrau als Letzte ein Zimmer für sich bekommt, so ist doch oft ein gewisses Murren unüberhörbar, daß nun, wo das Haus endlich abbezahlt ist, aufs neue irgendwo Miete hingeblättert werden muß. Denn wenn natürlich der junge Mensch, der ausziehen will, zunächst einmal selbst für die natürlich lachhaft geringen Mehrkosten, sei es durch selbstverdientes Geld oder sei es durch äußerste Sparsamkeit, aufkommen will, so

117

hält dieser schöne Vorsatz in der rauhen Praxis nicht immer stand: Die Miete ist doch höher als man dachte, vor allem, da man die Heizkosten vergessen oder verdrängt hatte, die Verdienstmöglichkeiten sind spärlicher als vorausberechnet, oder die Mutter kommt dahinter, daß die Finanzierung vor allem durch Beschränkung der Ernährung auf eine reine Spaghetti- und Raviolidiät möglich gemacht wird. Also leisten in der Regel die guten Eltern Hilfestellung.

Natürlich ergreift sie nicht in der Hauptsache aus materiellen Gründen ein wehmütiges Gefühl, wenn ein Kind auszieht. Ganz im Gegenteil, man ist einfach traurig, weil nun etwas sein Ende findet, an dem man doch sehr gehangen hat. Aber man soll nicht allzu betrübt sein, denn, wie man überall hört, hängen doch im allgemeinen die Kinder mit festen Banden am Elternhaus, das sie so bald nie vollständig verlassen werden. Da gibt es beispielsweise eine Menge Krempel, den sie nicht mit in die neue Behausung nehmen wollen, der aber auf keinen Fall weggeworfen werden darf: Teddybär und Puppenstube, Luftmatratze und Zelt, eine Menge Bücher und alle die Kleidungsstücke, die man vielleicht doch noch einmal braucht, der gerahmte Konfirmationsspruch und die geklaute Straßenarbeiterlaterne – kurzum, lauter platzraubende Dinge, die schwer unterzubringen sind, wenn man eigentlich das Zimmer leerräumen möchte. Es soll übrigens eine gar nicht so kleine Anzahl von jungen Leuten geben, die sichtlich pikiert sind, wenn man ihr freiwillig verlassenes Domizil nicht im alten Zustand konserviert, wie es etwa bei Goethes Geburtshaus geschieht.

Ein weiteres starkes Band, das die Kinder fest mit dem Elternhaus verknüpft, ist nach allerorts verbreiteter Erfahrung die schmutzige Wäsche. Hier fühlen sich vor allem die Knaben fest verbunden; aber auch den Mädchen fehlt häufig die liebende Mutter, die trotz aller gegenteiligen Vorsätze dann doch die eine oder andere Blue bügelte. Auch mangelt es natürlich im neuen Heim sehr oft an der Waschmaschine. Also kommt man mit gefüllten Taschen und Plastiktüten ins Elternhaus zurück und ist auch durchaus nicht abgeneigt, die eine oder andere kräftigende Mahlzeit bei dieser Gelegenheit einzunehmen; denn auch die gebratene und gefüllte Ente, der Kasselerbraten mit Sauerkraut und der bewährte Käsekuchen besitzen noch die gleiche Anziehungskraft wie seit Jahren. Und wenn man schon sowieso zu Hause ist, kann man gleich schnell dieses und jenes ausleihen. Der neue Haushalt ist zwar viel praktischer, effizienter, pflegeleichter und selbstverständlich gemütlicher als das verlassene Elternhaus, aber es fehlt natürlich noch dies und jenes – oder anderes, weil zu preiswert erstanden, ist hin und wieder defekt. Und so knüpfen sich weitere fest Bande durch das Ausleihen von Waffel- und Bügeleisen, vom großen Schmortopf, für eine Party benötigten zusätzlichen Gläsern, Bestecken und Gartenstühlen, vom Schlagbohrer, Haartrockner, von Bettwäsche, Heizöfchen und Fonduegerät. Vielfach gibt es allerlei zu telefonieren, ehe der elterliche Haushalt wieder komplett ist. Auch das fördert die Kommunikation zwischen den Generationen. Es soll übrigens durchaus auch Fälle geben, in denen die Besitzer erst bemerken, daß sie ihren Nachkommen etwas geliehen haben, wenn sie es selbst dringend brauchen.

Ein sehr modernes festes Band, das die ausgezogenen Kinder fest mit ihrem Elternhaus verknüpft, soll übrigens nach neuesten Erfahrungen auch ein Videorekorder sein, weswegen zu dieser Anschaffung nur dringend geraten werden kann.

Von geschickten und ungeschickten Männern

Schon unter kleinen Jungen gibt es spürbare Unterschiede zwischen solchen, die unerhörte Schwierigkeiten haben, eine Tür aufzuschließen, ein Schuhband zu binden oder einen Buntstift anzuspitzen, ohne ihn abzubrechen, und solchen, die schon im Vorschulalter ihre Spielzeugtrecker eigenhändig reparieren, die quietschende Gartenpforte ölen und ihren Goldhamsterkäfig nicht nur eigenhändig, sondern auch gründlich säubern. In der Regel entwickeln sich beide Sorten in der einmal eingeschlagenen Richtung weiter. Die einen lernen zwar mit der Zeit den Umgang mit Hausschlüsseln und Schuhbändern, aber für das Anspitzen von Buntstiften möchte ich mich schon nicht mehr voll verbürgen. Wenn sie eine glückliche Natur besitzen, lernen sie viel eher, immer einen Menschen zu finden, der dies und andere Aufgaben, für die sie zu ungeschickt sind, übernimmt. Denn – weit davon entfernt, darunter zu leiden, „zwei linke Hände zu haben" – so kultivieren sie diese an sich mißliche Eigenschaft und vermögen manchen Nutzen aus ihr zu ziehen. Etwa wie mein Vetter, dem der Ruf vorausging, daß er beim Abtrocknen dazu neigte, Porzellan zu zerbrechen. Zu unserer großen Empörung wurde der „arme ungeschickte Junge" daraufhin ein für allemal von dieser verhaßten Tätigkeit suspendiert.

Auch im späteren Leben erweist sich eine offenbare Ungeschicklichkeit – besonders, wenn sie mit Charme gepaart ist – oft als ein Vorteil. Nicht nur, daß der Betreffende zu allen möglichen lästigen Aufgaben gar nicht erst zugezogen wird, nein, er erweckt auch bei vielen Mitmenschen, vor allem bei weiblichen, den Wunsch, ihm helfend beizustehen, damit der Ärmste zurechtkommt. Man kann es einfach nicht mit ansehen, wie er ein Bügeleisen oder ein Kartoffelschälmesser anfaßt – und schon wird gebügelt oder geschält. Es soll Herren geben, die mit dem ungeschickten Griff ihr Leben lang sehr gut zurechtgekommen sind.

Der entgegengesetzte Typ dagegen schreitet auch nicht schlecht durchs Leben, denn aus ihm entwickelt sich der sehr geschätzte Mann, der nahezu alles kann: Lichtschalter reparieren, Badezimmer kacheln, kranke Autos flottmachen, klemmende Schubladen richten, tropfende Wasserhähne und verstopfte Ausgüsse heilen und den Videorecorder richtig einstellen. Daß ein solches Genie beliebt sein muß, selbst, wenn er nicht über ganz soviel Charme verfügt, versteht sich von selbst. Es ist ungeheuer beruhigend und tröstlich, ihn zum Freund zu haben. Allerdings muß leider eingeräumt werden, daß zu seinen guten Eigenschaften nicht immer absolute Zuverlässigkeit zählt. Manchmal verspricht er, am Sonntag vorbeizukommen und die Regale einzudübeln, aber ein Sonntag nach dem anderen vergeht, und die Regalbretter stehen immer noch aufrecht an die Wand gelehnt. Da er aber aus reiner Freundschaft und Nettigkeit seine unerhörten Fähigkeiten zur Verfügung stellen will, kann man ihm noch nicht einmal die Meinung sagen, wenn man wieder einmal auf den nächsten Sonntag vertröstet wird.

Nicht immer voll befriedigend ist auch die Situation,

wenn man den Mann, der alles kann, im Hause hält. Da gibt es unter Umständen den Tatbestand, daß der Betreffende allen möglichen Leuten ständig zu Hilfe eilt, obwohl die eigene Gartentür nun schon seit Wochen nicht mehr richtig schließt.

Vor allem Mütter handwerklich hochbegabter Söhne hören manchmal mit etwas gebremster Begeisterung, wie fabelhaft ihr Sprößling bei anderen Leuten den Flur tapeziert und die Lichtleitung verlegt hat, während sie schon so und so oft darum gebeten haben, daß er nun aber endlich den neuen Badezimmerspiegel anbringen soll. In den allermeisten Fällen gibt es natürlich dort, wo tapeziert und verlegt wurde, eine Tochter. So ist es nur gerecht, wenn der Freund der eigenen Tochter dann bei uns werkeln würde, und es ist etwas verbitternd, wenn der dann von der Sorte ist, die nur Gedichte macht, Aufrufe verfaßt und malt. Aber natürlich gibt es auch den tüchtigen Mann, der im eigenen Heim jeden Fehler vorausahnt und gewissermaßen behebt, ehe er auftritt, der ständig Verbesserungen anbringt, ideale Lösungen erfindet, Umbauten plant und durchführt und das Haus ständig mit den Geräuschen von Hämmern, Bohren, Sägen, Stemmen und Schlagen erfüllt. Ich erinnere mich an eine Freundin, die uns händeringend bat, irgend etwas auszudenken, das ihr Mann bei uns mit seinem brandneuen Schlagbohrer verrichten könne, nachdem er daheim tagelang geschlagen und gebohrt hatte.

Es ist eben nichts vollkommen auf der Welt!

Der Blick in anderer Leute Fenster

Vor Jahren wohnten wir einmal in einer Wohnung mit wunderschönen, riesengroßen Panoramafenstern. Diese Fenster hatten nur einen Nachteil: Vor ihnen lag leider kein Panorama, sondern eine nicht allzuselten begangene und befahrene Straße. Und weil wir damals gerade eine gardinenfeindliche Periode durchmachten, konnten wir bald aus eigener Erfahrung genau nachempfinden, wie sich so ein Zoo-Schimpanse hinter Glas oder ein Schleierschwanz im Aquarium fühlt. Da es sich um ein originell gebautes Haus handelte, interessierte sich offenbar mancher Passant heftig für die Innenarchitektur und die Bewohner. Wir kamen schließlich auf die Idee, ins Hineinschauen versunkenen Betrachtern freundlich zuzuwinken. Daraufhin winkte übrigens nie jemand zurück, alle gingen dann merkwürdigerweise sofort weiter.

Obwohl wir natürlich kräftig auf alle die neugierigen Leute geschimpft haben, muß ich doch leider zugeben, daß der Blick in die Wohnungen anderer Leute durchaus seine Reize besitzt. Manchmal hat man übrigens auch seine triftigen Gründe: Irgend etwas soll an eine alte Dame ausgerichtet werden, die ständig ihre Klingel überhört. Also geht man ums Haus und schaut hinein. Gefrühstückt hat sie wohl schon, denn da steht Kaffeegeschirr auf dem Tisch. Das Bett ist noch nicht gemacht, aber der Staubsauger lehnt an der Schlafzimmertür. Was sie wohl mit dem Wäschekorb mitten im Wohnzimmer will? Trotz guten Grundes ist man dann aber doch betreten, wenn hinter einem plötzlich jemand mit spitzer Stimme fragt: „Was machen Sie denn da?", während man gerade ein wahres Monstrum von Küchenbüfett studiert. In den allermeisten Fällen aber geschieht der Blick in anderer Leute Wohnungen nicht gezielt, sondern eher zufällig. Nur sehr Uninteressierte oder besonders Wohlerzogene werfen nicht einen schnellen Blick in ein offenstehendes Fenster, das sich direkt am Bürgersteig öffnet. Ein Seemann mit Pfeife hängt an der Wand, eine Dose mit Katzenfutter und eine Flasche des wohlbekannten Sauerkrautsaftes stehen auf dem Tisch, und einen Goldfisch haben sie auch.

Oder man steht an der Bushaltestelle und hat als einzige Unterhaltung die Fenster des Hauses gegenüber: Links ist wohl das Kinderzimmer, denn da hängen die billigeren Vorhänge; zwei Käfige mit je einem Wellensittich stehen auf der Fensterbank, und der Schrank gleich vorn ist mit Donald Ducks beklebt. Daneben, wo eine Frau ihren Mop ausschüttelt, geht es feiner zu – eine flämische Krone, ein ausladendes Möbelstück in Teakholz und ein riesengroßes, nicht näher erkennbares Bild an der Wand künden von einem ausgeprägten Wunsch nach Repräsentation.

Manchmal fährt man mit dem Zug ganz langsam an der Rückseite einer Häuserfront vorbei. Abends, wenn die Lichter in den Zimmern brennen, sieht man die Leute wie auf der Bühne agieren. Da sitzen sie vor den bläulich schimmernden Fernsehapparaten, und man kann sogar die Biersorte erkennen, die vor dem Vater steht.

Manchmal sind mehrere Menschen um einen Eß-tisch versammelt. Das sieht immer ganz besonder ge-mütlich und friedlich aus. Es kommt einem gar nicht in den Sinn, daß sie sich vielleicht gerade ein paar ausge-suchte Gemeinheiten an den Kopf werfen oder auch nur über das Essen meckern. Ein paar Häuser weiter sieht man, wie einer ins Zimmer gestürzt kommt und das Licht des Kronleuchters kleiner schaltet, aber gleich darauf ist es wieder so hell wie zuvor. Ist da ein Energiesparer oder ein Geizkragen wohnhaft, der auf Widerstand in den eigenen Reihen stößt? Alle diese Leute vergißt man gleich wieder, womit auch sicher die rechnen, die höchst ungeniert in ihrem – wie es jetzt so schön heißt – Sanitärbereich fungieren. Aber es gibt auch ganz andere Fälle: So erzählte mir einmal ein Ta-xifahrer, daß er ein paar Abende hintereinander eine Frau vor ein Haus fuhr, wo sie nichts weiter tat, als die beleuchteten Fenster anzustarren, die allerdings un-durchsichtige Vorhänge hatten. Dort wohnte sicher kein Unbekannter.

Undurchsichtige Vorhänge gibt es in manchen hol-ländischen Straßenzügen keinen einzigen. Da sich dort auch noch häufig die Fenster gegenüberliegen, lädt man förmlich zum Hindurchschauen ein. Ob man dort argwöhnt, daß Menschen hinter Vorhängen irgend-welche rabenschwarzen Untaten zu verbergen haben?

Heilwig von der Mehden

Nehmt die Männer, wie sie sind
Es gibt keine anderen
Band 427, 128 Seiten, 23. Auflage

Keiner lebt wie Robinson
Von Verwandten, Bekannten und anderen Leuten
Band 474, 144 Seiten, 11. Aufl.

Vielgeliebte Nervensägen
Von großen und kleinen Kindern
Band 516, 144 Seiten, 15. Auflage

Ehret die Frauen – aber übernehmt euch nicht!
Notizen aus dem weiblichen Alltag
Band 539, 144 Seiten, 14. Auflage

Mir ist doch so, als wär' mir was ...
Vom angenehmen Umgang mit sich selbst
Band 587, 144 Seiten, 12. Auflage

Vier Wände und ein Gartenzaun
Doch wie's da drin aussieht ...
Band 613, 128 Seiten, 8. Auflage

Und was tun, wenn nichts zu tun ist?
Von den Freuden und Leiden der Freizeit
Band 658, 128 Seiten, 7. Auflage

Schön ist es auch anderswo ...
Wir gehen auf die Reise
Band 714, 128 Seiten, 5. Aufl.

Die Fliege an der Wand
Worüber man sich ärgert
Band 774, 144 Seiten, 5. Auflage

Lauter reizende Leute ...
Man merkt es nur nicht immer
Band 851, 128 Seiten, 5. Auflage

Strichweise heiter
Von netten Leuten, lieben Tieren und anderen Plagen
Band 930, 352 Seiten

Manchmal langt's aber!
Von den nicht völlig ungetrübten Freuden der Eltern
Band 937, 128 Seiten, 4. Auflage

Sah ein Knab' ein Mägdlein stehn
Blütenlese aus alten Kinderbüchern
Band 1103, 320 Seiten

Wir sind doch nicht von gestern
Von den Freuden und Tücken des modernen Lebens
Band 1108, 128 Seiten, 2. Auflage

Der Friede sah ganz anders aus
Junge Menschen 1947
Band 1125, 160 Seiten

Sei manierlich, Albertine
Erinnerungen an unsere aparte Familie
Band 1186, 336 Seiten, 4. Auflage

Der Tritt unterm Tisch
Von allerlei zwischenmenschlichen Beziehungen
Band 1196, 128 Seiten, 2. Auflage

Eigentlich nur halb so schlimm ...
weil's den anderen auch so geht
Band 1353, 320 Seiten

Alle Tage ist kein Alltag ...
aber leider ziemlich oft
Band 1362, 128 Seiten

in der Herderbücherei